# LES
# LIVRES CLASSIQUES

## DE L'EMPIRE
## DE LA CHINE,

### RECUEILLIS

### PAR LE PERE NOEL;

#### PRÉCÉDÉS

d'Observations sur l'origine, la nature et le progrès de la philosophie morale et politique dans cet empire.

## TOME SIXIEME.

## A PARIS,

Chez De Bure, Barrois aîné et Barrois jeune,
quai des Augustins.

## M. DCC. LXXXVI.

# LE QUATRIEME LIVRE

C L A S S I Q U E,

N O M M É

# LE LIVRE

DE MEMCIUS.

# MENG-TSÉE,

## OU

## LE LIVRE

## DE MEMCIUS.

## SECONDE PARTIE.

### CHAPITRE PREMIER.

Chaque prince, perſuadé qu'il étoit infiniment ſupérieur aux anciens empereurs, mépriſoit leurs établiſſements, leurs loix, leurs principes, & gouvernoit à ſa fantaiſie. Memcius, effrayé des effets

# MENG-TSÉE,

## OU

## LE LIVRE

## DE MEMCIUS.

## SECONDE PARTIE.

### CHAPITRE PREMIER.

Chaque prince, perfuadé qu'il étoit infiniment fupérieur aux anciens empereurs, méprifoit leurs établiſſements, leurs loix, leurs principes, & gouvernoit à fa fantaiſie. Memcius, effrayé des effets de leur préſomption, diſoit : Quelque habile que ſoit un ouvrier, il ne fera jamais un cercle ou un quarré régulier ſans le compas & la regle : de même un prince, vécût-il comme Yao & Chun, ne pourra jamais conduire les eſprits à la paix & à l'honnêteté, & faire régner, par ſon adminiſtration, le calme & la tranquillité dans l'empire, s'il ne ſuit les principes établis par les anciens pour gouverner avec bonté & avec piété.

Ainſi quoique les princes paroiſsent avoir quelques ſentiments de piété dans le cœur, & que l'on diſe qu'ils les ont en effet, cependant cette piété & cette bonté apparente ou réelle ne procurera aucun avantage aux peuples qu'ils gouvernent, & fera inutile aux races futures pour leur faire connoître les regles d'un bon gouvernement, parcequ'ils ne suivent ni dans leur conduite ni dans l'administration les regles de la vraie piété établies par les anciens empereurs.

Un ancien proverbe dit : « Une « vaine & stérile vertu qui se ren « ferme dans le cœur, & qui n'agit « point au dehors, ne suffit pas « pour former un bon gouverne « ment ; & un gouvernement qui « n'a pas sa racine dans un cœur « vertueux, est vain & stérile. »

« Notre prince, dit le livre des « poésies, n'a commis aucune faute « dans son administration, parce « qu'il a suivi les anciennes loix du « gouvernement. »

Ces anciens, aussi distingués par leur sagacité que par leur vertu, ont inventé les outils, les mesures, le compas, la regle, le nivellement, & l'art de donner aux corps toutes les formes avec précision. Par la force de leur génie ils se sont élevés à la connoissance des vrais principes du gouvernement, & ont, sur ces principes, établi des loix pleines de piété, de bonté & d'équité. Pour transmettre à la postérité l'art de gouverner avec sagesse & avec bonté, ils ont partagé les terres & enseigné les principes de l'économie rurale pour procurer aux peuples une subsistance sûre & commode, fondé des écoles où le peuple étoit instruit des loix de l'urbanité & de l'équité, des principes de

l'honnêteté , & des regles des
mœurs : ils n'aſpiroient qu'à établir un gouvernement humain ,
compatiſsant , bienfaiſant ; & leur
piété a procuré à l'empire des avantages incroyables.

Il eſt donc de la derniere importance que les trônes ſoient occupés & les charges exercées par ceux
qui , imitateurs des anciens empereurs , pratiquent conſtamment la
vraie vertu , & aiment ſincèrement
les peuples. Si des hommes injuſtes
& inhumains occupent les dignités
& ſont aſſis ſur les trônes , leur perverſité devient bientôt funeſte à
tous les citoyens , & fait pour ainſi
dire couler dans l'état un torrent
de maux.

Pour nous en convaincre , ſup-

mettent de piller; enfin ils prennent les armes, & le royaume est bientôt bouleversé de fond en comble.

Mais pour suivre les regles de l'ancien gouvernement il ne suffit pas que le prince ait de la piété & de l'équité, il faut encore que les ministres soient habiles & fideles.

En effet, un ministre qui ne s'occupe qu'à flatter les goûts du roi, à lui plaire, qui n'ose ni le conseiller ni l'avertir, peche certainement contre l'équité. Si dans l'exercice de sa charge il n'instruit pas le roi, ou s'il n'assure pas sa vertu en renonçant à sa charge, ce ministre peche contre l'honnêteté; mais s'il dit, Le roi n'est pas capable d'imiter la vertu & le gouvernement des anciens empereurs, alors on peut dire qu'il exerce fa charge négligemment, fans affection pour le prince, & fans zele pour le bien public.

Pénétrés de ces vérités, les anciens difoient: Lorfqu'un miniftre, par fes confeils, excite & porte le roi à de grandes chofes, on dit qu'il a dans le cœur un fentiment profond de véritable refpect & de fincere attachement pour lui. Si, pour réprimer les mauvaifes inclinations du roi, il lui propofe les vertus héroïques des empereurs qui l'ont précédé, on dit qu'il rend hommage au roi par un témoignage extérieur de fon refpect : au contraire, lorfqu'un miniftre dit, Notre roi n'eft pas capable d'imiter les grandes actions des héros & de fuivre le gouvernement des anciens empereurs, on peut, sans crainte de se tromper, mettre ce ministre au nombre des ennemis les plus dangereux du roi.

Dans le gouvernement il n'y a que deux chemins, disoit Confucius, celui de la justice & de la piété que les anciens héros ont suivi, & celui de l'injustice & de la tyrannie qu'ils ont eu en horreur. Or ces deux chemins conduisent à deux termes bien différents.

Les princes injustes & cruels perdent leur royaume avec la vie. Les moindres des maux qui les attendent sont le danger de perdre la vie, & la diminution de leur royaume, sans compter la flétrissure que l'on imprime à leur mémoire par des furnoms odieux que rien ne peut faire oublier.

C'eft ainfi que nous voyons les chefs des dynafties des Hia, des Yam & des Cheu, s'élever à l'empire par la piété & par la bonté, & les derniers princes de ces dynafties perdre l'empire par leur injuftice & par leur inhumanité. Les rois ont éprouvé le même fort. L'inhumanité & l'iniquité conduifent également à une perte & à une ruine certaine l'empereur, le roi, le miniftre, le lettré, l'homme du peuple. Ainfi craindre fa ruine & s'abandonner à l'injuftice & à l'inhumanité, qu'eft-ce autre chofe que de craindre l'ivrefse, & pourtant aimer à boire à l'excès ?

Au refte, ajoute Memcius, fi

ont bien mérité de la chofe publique. Les vœux & les cœurs de tout le royaume fe plient & fe portent d'eux-mêmes où les vœux & les cœurs de ces familles fe portent, & tous les vœux & les cœurs de l'empire fe portent naturellement où les vœux & les cœurs de tout un royaume fe portent. Si donc un prince fe concilie le cœur des grands par fon humanité, par fon équité & par l'intégrité de fa vie, alors l'éclat de fa vertu, femblable à un déluge, fe répandra dans tout l'empire, & portera dans tous les lieux l'exemple & l'enfeignement des mœurs.

Lors donc que les principes des mœurs & du gouvernement font en vigueur dans l'empire, les princes moins vertueux obéifsent aux plus vertueux, & les moins fages aux plus fages : au contraire, lorfque les principes de la morale & du gouvernement font dans l'oubli ou dans le mépris, ce ne font ni la fagefse ni la vertu qui ont la prépondérance, mais la force & la puifsance ; alors c'eft le moins fort qui obéit au plus fort, le moins puifsant au plus puifsant. Certainement ces deux chofes viennent du ciel : celui qui obéit au ciel conferve fon royaume, & celui qui lui défobéit le perd.

Ainfi lorfque le roi d'Ou, ligué avec les peuples du midi, menaçoit le roi de Cy, celui-ci, ne fe voyant pas des forces capables de réfifter à fon ennemi, convoqua ſes grands, & leur dit : Si un prince qui ne peut dominer ſur les autres ne veut pas ſe ſoumettre à eux, ne court-il pas à ſa perte, & ne ſe retranche-t-il pas lui-même de la ſociété des hommes ? A ces mots, ſes yeux ſe remplirent de larmes, il ſortit de l'aſſemblée, & fit la paix par le mariage de ſa fille avec le roi d'Ou.

Aujourd'hui les rois & les ſouverains d'une multitude de petits états, imitateurs ridicules & inſenſés du faſte des plus puiſſants princes, refuſent de ſe ſoumettre à eux. Il me ſemble voir des écoliers qui refuſent d'obéir à leur maître.

S'ils rougiſſent de ſe ſoumettre aux autres & de leur obéir, qu'ils imitent la conduite irréprochable & la douceur du gouvernement de

Ven-Vam dans sa petite capitale. Celui qui voudra l'imiter, pour s'attacher & se soumettre tous les peuples de l'empire n'a besoin que de cinq ans s'il est souverain d'un grand royaume, & de sept si son royaume est petit.

Tous les rois de ces petits états aspirent à n'avoir point d'ennemis dans l'empire; & ce n'est point par la piété & par la bonté qu'ils prétendent arriver à leur but, mais par le faste & par l'appareil de leurs forces militaires. Il me semble qu'on peut les comparer à un homme qui veut prendre un fer brûlant & qui ne veut pas tremper sa main dans l'eau froide pour éviter la brûlure.

Mais comment donner des avis

ou des conseils utiles à ces princes? Dépourvus de piété, aveuglés par leur ignorance, égarés par leurs pasſions, ils regardent le péril imminent où ils ſont comme un état de paix & de sûreté, leurs plus grands maux comme leurs plus grands avantages, & ils ſe pasſionnent follement pour ce qui les conduit eux & leur royaume à une perte certaine qu'ils peuvent éviter en ſuivant de ſages conseils.

La vertu fait la gloire d'un prince, & le vice ſa honte.

Il eſt bien difficile que celui à qui l'on fait une injure ne ſe la ſoit pas attirée, ou par quelque mauvaiſe action, ou par quelque propos inconſidéré & arrogant. Une famille qui éprouve des dommages, ou à qui l'on fait outrage, l'a mérité, & ne doit l'attribuer qu'à son peu d'union, ou à des prétentions injuftes & déraifonnables. Lorfqu'un prince eft attaqué & opprimé par un autre prince, il s'eft à coup sûr attiré cette guerre & son malheur par quelque injuftice de fa part, ou de la part des fiens.

Le livre des annales dit : « Nous « pouvons, en nous corrigeant, ou « par le moyen de la vertu, éviter « ou rendre fupportables les cala- « mités que le ciel nous envoie, « telles que des féchereffes ou des « pluies excefsives, les incendies « ou les inondations ; mais les « malheurs dont nous fommes « les auteurs, & que nos pafsions

« effrénées nous ont attirés, ne fi-
« nissent qu'avec notre vie. »

Ce passage explique très bien ce
que je disois, & l'exemple des empereurs Kié & Cheu le prouve. Ils
perdirent leur empire, parcequ'ils
perdirent leurs peuples par une dé-
fection générale ; & ils perdirent
leurs peuples, parceque leur cruauté avoit éteint dans tous les cœurs
la bienveillance & l'amour.

Il y a donc un art pour conserver son empire, & cet art consiste
à inspirer & à conserver dans le
cœur des peuples les sentiments
d'attachement & de fidélité qu'ils
doivent à leurs princes. Il y a aussi
un art pour conserver dans le cœur
des peuples l'attachement & la fidé-

lité, c'est l'art de s'en faire aimer. Enfin il y a un art pour se faire aimer des peuples, qui consiste à leur accorder & à leur procurer ce qu'ils desirent & ce qu'ils aiment, & à les garantir de ce qu'ils craignent & de ce qu'ils haïssent.

L'amour porte impétueusement le cœur des peuples vers un prince pieux & clément, comme la pesanteur précipite les eaux dans les terrains moins élevés, comme la crainte & le desir de la sécurité conduisent rapidement les bêtes sauvages dans les lieux incultes & déserts.

Comme la loutre qui épie & poursuit les poissons timides, les oblige de se cacher au fond des eaux; comme le faucon, planant

Tome II.　　　　　C

dans les airs, effraie les oiseaux foibles, & les force de se réfugier dans l'épaisseur des foréts : de même on vit les cruels empereurs Kié & Cheu jetter la terreur dans le cœur de tous les peuples, & les forcer de se rasembler autour des princes Chin-Tam & Ven-Vam comme dans un asyle.

Si de nos jours, où l'on gémit sous la tyrannie de tant de rois, il s'élevoit un prince véritablement pieux & clément, on verroit aussi-tôt tous les peuples se réfugier auprès de lui, & le forcer de ré-gner sur eux, & d'accepter l'em-pire.

Voyez ce qui se passa dans ces temps malheureux où l'empereur Cheu gouvernoit tyranniquement.

Le prince Pé-Y & le sage Tay-Kum,
pour se dérober à ses cruautés, se
retirerent, l'un vers la mer du sep-
tentrion, l'autre sur les bords de la
mer orientale. La renommée porta
jusqu'à leur retraite les vertus de
Ven-Vam, sa piété, sa clémence,
sa justice, la bonté de son cœur
tendre & compatissant, le soin qu'il
prenoit des vieillards, des pupilles,
des veuves, des orphelins : chacun
d'eux quitta sa retraite, & se réfu-
gia auprès de Ven-Vam.

Ces deux sages, plus respectables
encore par leurs vertus que par leurs
années, n'étoient point regardés
comme les chefs d'une famille particuliere, mais comme les chefs &
comme les vieillards de toutes les
familles de l'empire, & comme les

peres communs de la patrie : ainſi lorſqu'ils ſe mirent en chemin pour venir s'attacher à Ven-Vam, les chefs de toutes les familles de l'empire ſuivirent, & tous leurs enfants s'attacherent comme eux à Ven-Vam : pouvoient-ils s'attacher ou obéir à un autre ?

Si donc parmi tous ces petits rois guerriers & tyrans il s'en trouvoit un qui voulût fortement & conſtamment établir dans ſes états le gouvernement du prince Ven-Vam, je ne doute pas que dans ſept ans tout l'empire ne ſe ſoumît à lui.

Et s'il s'élevoit un empereur qui poſſédât l'art de bien gouverner, combien de gens qui ſont aujourd'hui loués ſeroient ſévèrement

punis! Le premier genre de puni-
tion & le plus grave feroit pour
ceux qui, habiles dans l'art de combattre, défolent la terre par le carnage & par le meurtre; il puniroit
du fecond genre de peine ceux dont
la pernicieufe politique s'occupe à
former des projets ambitieux, à
liguer entre eux les princes pour
faire la guerre; on puniroit du
troifieme genre de peine ceux qui
épuifent les forces & la fortune des
colons par les travaux de la culture
ou des défrichements uniquement
pour procurer de l'argent à leur
prince, & pour pouvoir lever une
multitude d'impôts écrafants. Mais
aujourd'hui l'on voile l'atrocité de
ces crimes fous les noms impofants
du droit & de l'équité. La vertu eft

dans la bouche, & le vice dans le cœur. Eſt-il bien facile aujourd'hui de connoître les hommes?

Il n'y a pas de meilleur moyen de les connoître que d'obſerver leurs yeux. Si la droiture, la candeur, l'honnéteté, réſident dans le cœur, elles répandent dans les yeux une lumiere douce & pure; ſi la fauſseté, le vice & la turpitude ſont dans le cœur, elles terniſsent le brillant naturel des yeux par une eſpece de nuage ſous lequel elles ſemblent vouloir ſe dérober à l'examen de l'obſervateur.

Aujourd'hui les princes pour la plupart veulent paroître affables & modérés, quoiqu'ils n'aient dans le cœur rien de la vraie affabilité & de la vraie modération. Un homme

affable n'humilie point les autres
par des outrages ou par le mépris ;
un homme modéré n'opprime point
les autres par ſes vols & par ſes ra-
pines : au contraire, ces princes,
contempteurs de leurs ſujets & ra-
viſſeurs de leurs biens, ne craignent qu'une ſeule choſe, c'eſt de
ne pouvoir ſatisfaire leur orgueil
& leur avarice. Comment donc
peut-on dire ou penſer qu'ils ſont
affables & modérés ? La vraie affabilité, la vraie douceur, la vraie
modération, ne conſiſte pas dans
un ſon de voix adouci, ou dans un
air riant & gracieux; elle réſide dans
le cœur.

La plupart des princes de notre
temps tombent dans des fautes graves & notables, parcequ'ils ont des

miniſtres incapables de pénétrer dans leur cœur, & de le diriger; & bientôt ils commettent de plus grandes fautes dans le gouvernement, parcequ'ils n'ont pas des miniſtres qui puiſſent les avertir & les diſſuader. Les hommes diſtingués par leur vertu autant que par leur ſagacité peuvent ſeuls ſonder & découvrir les vices cachés dans le fond du cœur des rois, redreſſer leurs penchants fauſſés, & les faire rentrer dans la voie droite de la piété lorſqu'ils s'en écartent: mais lorſqu'une fois un roi a commencé à goûter la piété, à ſuivre l'équité, à aimer la droiture, toutes ſes penſées ſont pieuſes, tous ſes projets ſont équitables, toutes ſes actions ſont droites; alors le royaume jouit d'une paix ſolide.

Il faut donc ne choifir les miniftres & les mandarins qu'après un
mûr & férieux examen.

Quels font ceux à qui l'on doit
la plus grande foumifsion & la plus
grande obéifsance ? ce font certainement les parents. Quelle eft la
chofe fur laquelle on doit veiller
plus foigneufement ? c'eft foi-même. Mais la vigilance fur foi-même
eft avant l'obéifsance & la foumifsion aux parents , & en un certain
fens plus importante : car j'ai toujours entendu dire qu'un fils qui
veille fur lui-même, regle bien fes
mœurs , illuftre par fa vertu le nom
de fes parents , & leur rend par
conféquent l'obéifsance qu'il leur
doit; mais je n'ai point encore entendu dire qu'un fils qui ne veille

pas fur lui-même, qui ne regle point fes mœurs, qui par fon inconduite déshonore fes parents, puiſſe leur rendre l'obéiſsance qu'il leur doit.

Il y a dans le monde une infinité de fubordinations & de dépendances : quelle condition en eſt affranchie ? Le peuple eſt foumis aux magiſtrats, les magiſtrats aux princes, le jeune au plus âgé. C'eſt cependant la fubordination & la dépendance des parents qui eſt comme la racine & le principe de toutes ces efpeces de dépendances & de foumiſsions. Celui qui a pour fes parents la foumiſsion qu'il leur doit, fera fans peine fidele à fon roi, obéiſsant à fes fupérieurs, refpectueux envers fes anciens.

De même la vigilance & la garde de soi-même est comme la racine & le principe de la vigilance que l'on doit à tout ; & celui qui veille sur soi-même & qui se garde soigneusement, réglera bien sa famille, gouvernera bien son royaume, & fera régner la paix dans l'empire.

Il est difficile aux hommes de retenir leur langue, & les plus grands parleurs sont ceux dont une critique juste & sévere n'a pas puni les oreilles des vices & des fautes de leur langue.

On rencontre assez souvent des hommes dont l'esprit est atteint d'une autre maladie. Ils veulent être les maîtres des autres, tandis qu'ils devroient encore être disciples : ce qui les rend incapables de s'inftruire & d'inftruire les autres.

On tombe, par rapport aux devoirs de la piété filiale, dans trois défauts efsentiels : le premier, quand on ne tâche pas de corriger les fautes de fes parents fans leur déplaire ; le fecond, lorfqu'un fils ne quitte pas fa charge pour aller nourrir & foigner fes parents qui font pauvres ; le troifieme, de laifser fes parents fans poftérité, en préférant le célibat au mariage ; & cette faute contre le refpect filial eft la plus grave, parcequ'elle prive à jamais les parents des honneurs qu'on leur rend tous les ans après leur mort.

La piété & l'équité font la bafe de tout bon gouvernement ; mais la vraie piété confifte à fervir fes parents avec amour, & la vraie équité à obéir avec respect à ses aînés.

La vraie prudence consiste à bien connoître & à pratiquer fidèlement ces deux devoirs, & la vraie honnêteté à les honorer exactement.

La vraie joie est la satisfaction interne qui naît de l'observation de ces deux devoirs. Lorsque l'on éprouve cette satisfaction, on acquiert une douce facilité ou un doux penchant à observer les devoirs de la piété filiale & de la subordination fraternelle : lorsque ce penchant s'est fortifié & accru, il produit une satisfaction qui s'augmente comme lui, & que l'on goûte en marchant, & en remuant la main, pour ainsi dire.

Ce fut ainſi que Chun, ce prince ſi magnanime, vit ſans le moindre ſentiment de vanité tous les peuples de l'empire accourir à lui, & ſe multiplier autour de lui comme l'herbe dans un terroir gras & fertile. Le mauvais caractere, les mauvaiſes mœurs de ſon pere, le pénétroient de douleur; & il diſoit ſouvent : « Celui qui ne s'efforce « pas de mériter la bienveillance « de ſes parents par une obſerva-« tion ſcrupuleuſe de tous les de-« voirs de la piété filiale, n'eſt pas « un homme; & celui-là n'eſt pas « un fils qui ne cherche pas tous « les moyens d'inſtruire & de cor-« riger ſes parents ſans les fâcher « & ſans leur déplaire. »

Les efforts de Chun ne furent

pas inutiles ; il retira son pere du vice, & lui fit aimer la vertu en gagnant sa bienveillance. La réputation de sa piété filiale se répandit par-tout ; on vit renaître dans tous les cœurs la tendresse paternelle & la piété filiale ; tous les peuples furent heureux par la réciprocité des devoirs que ces sentimens inspirent, & c'est ce que l'on appelle la grande piété filiale.

## CHAPITRE II.

Pendant les guerres civiles qui désoloient l'empire, plusieurs sectaires avoient, par leurs différents systêmes, confondu & presque détruit les vrais principes de

la morale & du gouvernement.
Memcius difoit à ce fujet : L'empereur Chun & l'empereur Ven-
Vam font nés à mille ftades & à
mille ans l'un de l'autre; cependant ils parvinrent à l'empire par
les mêmes moyens, & le gouvernerent avec la même piété, la même équité, les mêmes rites; en un
mot, leur adminiftration fut par-
faitement & rigoureufement femblable. Ainfi les héros des anciens
temps & ceux des temps poftérieurs
ont fuivi les mêmes principes de
morale & de politique, fans s'en
écarter le moins du monde. Que
doit-on donc penfer des différents
fyftêmes que répand cette multitude arrogante & bruyante de dif-
coureurs ?

Memcius, dans une visite qu'il fit à Si-Ven-Vam, roi de Cy, lui dit : Si un roi regarde ses ministres & ses officiers comme ses mains & comme ses pieds, les ministres & les préfets regarderont leur roi comme leur cœur & comme leur tête ; mais si le roi regarde ses ministres & ses préfets comme ses chiens & comme ses chevaux, les ministres & les préfets regarderont le roi comme un particulier ; enfin si le roi regarde ses ministres & ses préfets comme l'herbe & comme le foin, les ministres & les préfets regarderont leur roi comme un brigand & comme un ennemi.

Vous exagérez, répondit Si-Ven-Vam ; car le livre des rites porte : Que le ministre qui quitte son roi

& qui prend une charge dans un autre royaume, foit en deuil pendant trois mois : cérémonial qui fuppofe que le miniftre ne regarde pas fon roi comme un brigand & comme un ennemi.

Il faut qu'un roi foit humain & honnête pour fon miniftre, s'il veut que fon miniftre obferve envers lui les loix de l'humanité & de l'honnêteté, répliqua Memcius. Par exemple, fi un roi écoute & fuit les avis & les confeils d'un miniftre de maniere que par ce moyen il établiffe un gouvernement fage, fi dans la fuite le miniftre quitte le fervice du roi, & que le roi le recommande au fouverain chez lequel il fe retire, fi enfin le roi ne difpofe pas des honoraires qu'il lui avoit accordés ; alors il faut que le miniſtre obſerve ce qui eſt preſcrit par les rites, & qu'il porte pendant trois mois le deuil pour la perte qu'il a faite du prince en ſe ſéparant de lui.

Mais aujourd'hui les princes n'é-coutent ni ne ſuivent les avis & les conſeils ſalutaires de leurs miniſ-tres ; & lorſque le miniſtre veut abdiquer & ſe retirer dans un autre royaume, on le fait arrêter, & on l'empriſonne comme coupable de leſe majeſté ; & s'il s'échappe, on le pourſuit & l'on confiſque ſes biens : ſeroit-il en effet traité plus rigoureuſement par un brigand & par un ennemi ? Peut-on exiger que ce miniſtre porte le deuil du prince dont il a quitté le ſervice ?

Ainsi lorsqu'un prince fait mourir les aspirants aux charges, quoiqu'ils n'aient commis aucun crime, les premiers préfets font très bien d'abdiquer & de se retirer, s'ils ne peuvent remédier à ces maux ; car la cruauté du prince pourroit bien ne les pas épargner : & lorsqu'un prince fait mourir injustement le peuple, ceux qui aspirent aux charges peuvent prudemment passer dans un autre royaume pour éviter le même traitement : tant il est important qu'un prince veille sur ses actions & sur ses mœurs.

Il n'y a personne qui n'exerce la piété lorsque le prince l'exerce, personne qui ne suive l'équité lorsque le prince la suit. Cependant un homme d'un esprit élevé & d'une

grande vertu ne cherche pas cette
faufse honnêteté ni cette équité fi-
mulée qui eft en effet de l'iniquité.
Lorfqu'un pere ou un frere ont un
fils ou un frere cadet ignorant, dif-
sipé, & qu'ils le ménagent, l'inf-
truifent, le dirigent avec beaucoup
de zele & de patience, ce fils ou ce
frere cadet ne fe félicitera-t-il pas d'a-
voir un pere ou un frere fage ? Mais
fi un pere ou un frere éclairé, & qui
pafse pour fage, négligent d'éclairer ce fils ou ce frere, s'ils le rebutent
ou le méprifent, je ne fais pas plus
de cas de leur fagefse & de leurs lumieres que de l'ignorance & de la
grofsièreté du fils ou du frere qu'ils
méprifent & qu'ils dédaignent.

Plût à dieu que celui qui révele

les défauts des autres sût tout le chagrin qu'il cause !

Un grand homme ne renonce jamais au caractere de candeur & d'innocence de l'enfance.

Ce qui distingue l'homme de la brute, est quelque chose de très délié & de très subtil, je veux dire l'usage de la raison. La tourbe ignorante & aveugle la dédaigne avec mépris, & par conséquent se rend semblable aux brutes ; les hommes sages & vertueux conservent au contraire leur raison, & tâchent de la perfectionner.

Le prince Chun se distingua singulièrement à cet égard ; il pénétroit si facilement en toutes choses les principes d'équité & les différents degrés de piété que l'on devoit aux hommes selon les rapports que l'on avoit avec eux, qu'il s'y conformoit exactement sans qu'il parût y penser, & comme s'il n'eût agi que par un penchant naturel pour l'équité.

Le prince Yu l'imita ; il apportoit toute l'attention dont il étoit capable pour ne rien faire de contraire à la droite raison. Son échanson lui ayant donné un vin dont le goût lui plut beaucoup, il dit : Je crains que ce vin ne cause la perte de beaucoup de royaumes. Il chassa l'échanson, & ne voulut plus boire de ce vin.

Le prince Chin-Tam veilloit sans cesse pour connoître le milieu où se trouve la vertu, pour ne tomber ni dans l'excès ni dans le défaut ; il élevoit les hommes fages aux dignités & aux charges, payfans ou habitants des villes, nobles ou ignobles, voifins ou étrangers.

Le prince Ven-Vam s'étoit tellement pénétré de l'obligation de traiter les peuples avec bonté, que, pour n'y jamais manquer, il fuppofoit toujours qu'ils avoient effuyé quelque dommage, ou qu'ils étoient affujettis à de trop gros travaux. Infatigable dans l'étude de la fagesfe, après de grands progrès il croyoit n'avoir encore rien appris.

Le prince Vu-Vam, digne imitateur de fon pere, s'étoit prefcrit deux chofes qu'il avoit fingulièrement en recommandation : la première, de ne méprifer jamais ceux

qui étoient attachés à sa perfonne ;
la feconde, de n'oublier jamais ceux
qui étoient éloignés de lui, tels
que les rois feudataires & les gou-
verneurs des places.

Enfin le prince Cheu-Kum fit
tous fes efforts pour pratiquer tout
ce que ces quatre grands empereurs
avoient pratiqué.

Voici les loix de tempérance, de
libéralité & de bravoure, que j'ai
apprifes des difciples de Confucius.
On peche contre les loix de la tempérance, fi l'on reçoit une chofe
que l'on avoit au premier coup-d'œil
cru pouvoir recevoir, & que l'on
découvre par réflexion ne devoir
pas accepter. On peche contre les
loix de la libéralité, fi l'on donne
une chofe que l'on a cru au pre-

mier apperçu pouvoir donner, &
que l'on voit par réflexion que l'on
ne pouvoit pas donner. On peche
contre les loix de la bravoure, si l'on
expose sa vie lorsqu'après avoir ju-
gé qu'on pouvoit l'exposer, on voit
cependant par réflexion qu'on ne
doit pas l'exposer.

Le sage differe des autres, principalement par le soin avec lequel
il veille sur son cœur; & c'est par
le secours de la piété & de l'équité
qu'il veille constamment sur son
cœur & qu'il le conserve. Par sa
piété il aime tous les hommes; par
son honnêteté il les honore tous:
or celui qui aime les autres en est
aimé, & celui qui les honore en est
honoré.

Si par hasard le sage rencontre

un homme qui le traite mal & avec
brutalité, il jette auſſitôt la faute ſur
lui-même : Il faut, dit-il, que j'aie
manqué moi-même aux devoirs de
la piété & de l'honnêteté. Alors il re-
double d'affection pour celui qui le
hait, & de politeſse pour celui qui
l'inſulte ou le mépriſe ; & lorſqu'il
croit avoir épuiſé toutes les reſſour-
ces de l'honnêteté & de la piété, s'il
éprouve les mêmes malhonnête-
tés, il dit : Cet homme a dépouillé
tout ſentiment d'humanité ; il s'eſt
mis dans la claſſe des brutes, & je
n'ai point de relations ſociales avec
lui : pourquoi me tourmenter à l'ap-
privoiſer ? Ainſi l'on voit que le
ſage, occupé du ſoin de ſa perfection, n'eſt ni affligé ni troublé par
ces inſultes inopinées & par ces

maux imprévus qui arrivent & pafsent comme le temps du matin & du foir. Une feule chofe l'inquiete, c'eft de ne pouvoir pas fe flatter d'égaler le prince Chun; mais cette inquiétude, fans le rendre malheureux, lui fait faire des efforts continuels pour s'avancer dans la carriere de la vertu.

Un difciple de Memcius lui dit qu'on trouvoit étrange qu'il vît un habitant du royaume de Cy qui pafsoit pour ne pas remplir les devoirs de la piété filiale.

Il y a, lui répondit Memcius, cinq manieres de manquer aux devoirs de la piété filiale: 1°. en négligeant de pourvoir à la fubfiftance de fes parents, parceque l'on s'abandonne à une honteufe parefse; 2°. fi

l'on difsipe en parties de jeu, de plaifir ou de débauche, ce que l'on devroit employer à nourrir fes parents; 3°. fi l'on néglige de nourrir
fes parents par avarice, ou pour
fournir au luxe de fa femme & de fes
enfants; 4°. fi on leur imprime une
note d'ignominie, fe permettant
des difcours licencieux & déshon-
nêtes; 5°. lorfque l'on aime à faire
parade d'une petite bravoure au-
dacieufe qui n'a pour principe que
la chaleur & l'impétuofité du fang,
lorfque l'on aime les rixes, les
conteftations, qui peuvent conduire à des punitions ou à une mort
déshonorante pour fes parents. On
ne peut reprocher rien de pareil à
Quam-Cham.

Voici la caufe du reproche qu'on

lui fait. Son pere s'abandonnoit au vice ; Quam-Cham l'en avertit, perſuadé que ſes avis n'offenſe-roient pas ſon pere. Il fut trompé; ſon pere l'a chaſſé : voilà pourquoi le public juge qu'il a manqué aux devoirs de la piété filiale.

Mais le public ſait-il ce qu'il a fait pour réparer ſa faute ? il aime ſa femme & ſon fils comme les au-tres hommes ; cependant il s'eſt ſé-paré d'eux, ne voulant pas en rece-voir le moindre ſervice, pour ſe punir de n'avoir pas ſu donner à ſon pere d'une maniere convenable les avis qu'il lui devoit. La douleur de Quam-Cham pour ſa faute, la rigueur avec laquelle il la punit lui-même, n'eſt-elle pas une preuve certaine de ſa droiture & de ſa vertu ? Voilà pourquoi je le reçois fou-vent, & toujours avec urbanité.

La réputation de Memcius l'a-voit précédé dans le royaume de Cy. Le roi le fit obferver, perfua-dé qu'il avoit quelque chofe d'ex-traordinaire que les autres hommes n'ont point. On le dit à Memcius, qui répondit : Comment pourroit-il fe faire qu'il y eût en moi quel-que chofe que les autres hommes n'ont point, puifque les fages em-pereurs Yao & Chum étoient ab-folument femblables aux autres hommes, & n'ont rien fait ou pra-tiqué que les autres hommes ne puifsent imiter ?

Memcius, défolé de voir dans très peu de monde le goût ou l'a-mour de la fageffe & de la vertu,

& que presque tout le monde re-
cherchoit avec une ardeur infatigable & insatiable les dignités, les
honneurs & les richesses, proposa
cette parabole :

Un habitant du royaume de Cy
avoit une épouse & une concubine :
ces deux pauvres femmes, confinées
dans leur maison, y menoient une
vie obscure & misérable ; le mari
sortoit tous les jours & ne rentroit
que le soir, rassasié de viande &
de vin. Sa femme lui demandoit
quelles étoient les personnes avec
lesquelles il faisoit si bonne chere ;
& le mari nommoit plusieurs personnes très riches & très considé-
rables. Ces grands noms donnerent
des soupçons à sa femme : Notre
mari, dit-elle à la concubine, sort

tous les jours, & ne revient que le
foir après s'être gorgé de viande &
de vin : je lui ai demandé plufieurs
fois avec quels convives il mangeoit fi fouvent & fi fomptueufe-
ment ; il m'a toujours nommé des
perfonnes très riches & très diftin-
guées, & je n'ai encore vu venir ici
aucune de ces perfonnes. Je crains
fort qu'il ne nous trompe & ne fe
moque de nous ; pour m'en afsurer
j'ai réfolu de le fuivre demain fans
qu'il s'en apperçoive, & de voir où il
va, & dans quelles maifons il entre.
Elle fe leve donc de grand matin,
& fuit furtivement fon mari ; elle
voit que pas un habitant de la capitale ne lui parle, qu'au contraire
tous l'évitent ; enfin elle voit qu'il
va vers le fauxbourg oriental &

qu'il fort de la ville. Arrivé dans un vafte & trifte cimetiere qu'il parcourt dans tous les fens, il apperçoit par hafard un citoyen qui venoit de faire les facrifices que l'on fait à fes parents ; il s'en approche & mendie les reftes du facrifice : ayant apperçu un autre facrifice, il s'en approche & mendie encore les reftes.

Sa femme revient à la maifon, confufe de ce qu'elle a vu , & le raconte à la concubine. Cet époux, lui dit-elle, que nous efpérions qui feroit notre foutien , & qui nous foulageroit dans notre mifere , eft devenu un vil mendiant. Que nous fommes cruellement trompées ! Elles firent mille imprécations contre cet impudent mari , qui , ne sachant pas que son imposture étoit découverte, leur parla à l'ordinaire avec ostentation des personnes avec lesquelles il avoit mangé.

Ce mendiant, disoit Memcius, est l'image de beaucoup d'hommes que l'on regarde comme honnêtes, qui ne desirent les honneurs & les dignités que pour leur utilité, qui s'humilient & qui se plient à toutes les bassesses pour y arriver, & qui ne les ont pas plutôt obtenues, que leur orgueil & leur insolence éclatent. Si leurs femmes savoient par quels moyens ils sont parvenus à ces honneurs qui les rendent si orgueilleux & si insolents, ne gémiroient-elles pas de la fortune & de l'élévation de leurs maris ?

## CHAPITRE III.

Toutes les fois que Chun partoit pour aller labourer, il imploroit en soupirant la miséricorde du ciel: pourquoi cela? dit un disciple de Mencius. C'est, répondit celui-ci, qu'il éprouvoit un sentiment d'amour & de colere: il étoit en colere contre lui-même, & il aimoit son pere. Avec quelque soin qu'il remplît les devoirs de la piété filiale, il ne pouvoit se concilier la bienveillance de son pere, ni le réjouir, ou contribuer à son bonheur: il étoit livré à la tristesse & à la colere, entre le regret & l'amour.

Mais, dit le difciple, un fils ne manque-t-il pas à la piété filiale, s'il s'irrite & fe plaint au ciel de ce que fon pere ne l'aime pas?

C'eft, répondit Memcius, une preuve de peu de fenfibilité, & pour ainfi dire de lâcheté dans un fils de fupporter fans chagrin l'indifférence ou l'averfion de fon pere; & voici, ce me femble, quel étoit le fens des plaintes de Chun : il difoit en lui-même : Un fils doit faire tous fes efforts pour obtenir la bienveillance de fes parents, & je n'ai rien négligé de ce qui pouvoit me procurer cet avantage, fans avoir pu y parvenir; il faut donc que je n'aie pas rempli tous les devoirs de la piété filiale par ignorance. Hélas! quelle faute ai-je commife pour être réduit à un semblable malheur?

Je trouve dans Chun quelque chose de plus étonnant. Lorsqu'Yao, accablé d'années, l'associa à l'empire, il étoit aussi malheureux que le moindre des Chinois, parcequ'il n'avoit point encore obtenu la bienveillance de son pere, & qu'il n'avoit pu par ses conseils, par ses soins, par son obéissance, le retirer du vice & le faire rentrer dans le chemin de la vertu : richesses, dignités, puissance, il possédoit tout ce qui fait l'objet de l'ambition & des desirs des hommes, & cependant il étoit malheureux parcequ'il étoit privé de la bienveillance de son pere.

Quelle différence entre Chun &

les enfants de nos jours ! Ils aiment leur pere & leur mere pendant leur enfance ; mais à peine en font-ils fortis, qu'on les voit fe livrer à la volupté : ils facrifient à une maîtreffe l'amour des parents ; à une femme, à leurs enfants, la maîtreffe : parvenus à une charge, ils tranfportent au roi l'amour qu'ils avoient pour leur femme & pour leurs enfants ; & s'ils ne peuvent obtenir la faveur du roi pour arriver à l'objet de leur ambition, on les voit alors, agités, inquiets & mécontents, fe livrer à l'intrigue pour parvenir aux honneurs & à la fortune. Voilà par quelle fuccefsion de pafsions & de defirs la piété filiale s'éteint aujourd'hui dans le cœur des enfants, tandis que, dans

l'ordre de la nature & de la raison,
il devroit ne jamais finir.

Un disciple de Memcius lui disoit : J'ai souvent entendu asurer
que l'empereur Yao donna l'empire
à son ministre Chun : cela est-il
vrai ?

Non, dit Memcius ; c'est le ciel
qui a donné l'empire à Chun : &
ce n'est point par des paroles que
le ciel a déclaré cette donation,
mais par les vertus & par les belles
actions de Chun ; car c'est ainsi que
le ciel parle & manifeste son choix.
Chun fut administrateur général
de l'empire & premier ministre
d'Yao vingt ans ; pendant tout ce
temps il fit jouir tout l'empire
d'une paix & d'une tranquillité profonde, & qu'on ne peut attribuer

aux seules forces humaines.

Après la mort d'Yao, Chun laissa dans le palais impérial Tan-Chu son fils, & se retira sur le bord du fleuve jaune auprès de la ville de Kay-Fum: car il vouloit que Tan-Chu succédât à Yao son pere, & que, le prenant pour modele, il gouvernât sagement l'empire & y fît régner la paix & le bonheur. Mais tous les rois, tous les princes tributaires, tous ceux qui étoient sous la protection de l'empire, ne se rendirent point auprès du fils d'Yao pour lui rendre hommage, mais auprès de Chun: tous ceux qui avoient des procès, tous les officiers chargés de la justice criminelle, se rendirent auprès de Chun & non auprès du fils d'Yao.

Ce concert de tous les peuples pour tranſporter à Chun l'autorité impériale n'eſt-il pas une déclaration manifeſte de la volonté du ciel ? L'empereur Vu-Vam dit dans le Chou-king : « Lorſqu'il s'agit de « juger des vertus & des crimes, le « ciel voit & entend comme mes « peuples voient & entendent. »

Voilà pourquoi ce n'eſt point Yao, mais le ciel, qui a donné l'empire à Chun : voilà pourquoi on ne peut le regarder comme un uſurpateur.

On dit, ajouta le diſciple, que les empereurs Yao & Chun ne tranſmirent point l'empire à leurs enfants, mais à des ſages, parcequ'ils étoient ſages eux-mêmes, & que Yu, moins ſage qu'eux, le tranſmit à fon fils : cela eft-il vrai ?

Point du tout, répondit Memcius ; & l'empereur Yu ne fut infé-
rieur à fes prédécefseurs ni en vertu ni en fagacité. Un empereur ne
peut à fon gré donner l'empire à
un fage ou à fon fils, il doit fuivre
l'intention du ciel.

Ainfi, fi l'héritier du trône eft un
fou, alors l'intention du ciel eft
que l'on donne l'empire à un fage:
mais fi l'héritier du trône eft fage,
alors l'intention du ciel eft que
l'empire pafse au fils ; il eft l'héritier naturel du trône, & il lui eft
légitimement dévolu. Voici quelques réflexions qui feront mieux
entendre ce que je vous ai dit.

L'empereur Chun, avant de propofer au ciel Yu pour remplir la dignité

impériale, l'avoit établi administrateur général de l'empire, & l'a-
voit afsocié à lui. A la mort de
Chun, Yu laifsa dans le palais impérial le fils de l'empereur Chun,
& fe retira au pied de la montagne
Sum, laifsant l'empire au fils de
Chun; mais tous les peuples pro-
clamerent Yu empereur comme ils
avoient proclamé Chun après la
mort d'Yao.

L'empereur Yu propofa au ciel
le prince Yé, & le chargea de l'adminiftration de l'empire. Sept ans
après, Yu mourut, & le prince Yé
laifsa dans le palais impérial le
prince Ki, fils & héritier de l'empereur Yu, & fe retira au pied de
la montagne Sum; mais les rois,
les fouverains, les princes, les peu-

ples, dirent: Le prince Ki eſt digne de l'empire : & perſonne ne ſe déclara pour le prince Yé.

On voit par ce récit même la raiſon de la préférence que l'on donna à Chun & à Yu ſur les enfants d'Yao & de Chun, & pourquoi le prince Yé ne fut point empereur, quoique déſigné par Yu. Un événement qui n'a point de cauſe ſenſible eſt produit par le ciel; & lorſqu'on obtient ce qu'on ne pouvoit eſpérer humainement, c'eſt par un ordre du ciel.

Ainſi l'on ne s'éleve pas de la condition privée à l'empire par toutes ſortes de vertus, mais par celles de Chun & d'Yu. Mais il ne ſuffit pas pour arriver à l'empire d'être doué de cette vertu, il faut encore que l'on soit proposé au ciel par l'empereur : voilà pourquoi Confucius n'est point parvenu à la dignité impériale, quoiqu'il n'eût pas moins de vertu que Chun & Yu.

Au reste ce n'est qu'avec peine que le ciel prive un prince de son trône. Pour qu'il rejette un prince qui jouit du trône par droit de naissance, il faut qu'il se rende odieux par sa méchanceté & par sa tyrannie, comme les empereurs Kié & Cheu ; & l'histoire le prouve.

L'amour & l'ardeur pour la guerre étoient alors la passion dominante ; & beaucoup de petits savants, avides de distinctions & de célébrité, se répandoient dans les cours des rois, &, pour excuser la bassesse de leurs intrigues, débi-

toient qu'Y-Yn, miniftre de Chin-
Tam, n'avoit pas rougi de faire le
métier de cuifinier pour fe procurer un accès à la cour de ce prince.
Cela eft-il vrai ? difoit à Memcius
un de fes difciples.

Nullement, répondit Memcius.
Y-Yn s'étoit propofé la regle fublime qu'Yao & Chun avoient
fuivie. L'équité & la droite raifon
étoient les principes de toutes fes
actions, & il ne s'en feroit pas
écarté pour l'empire même.

Voici comment il devint miniftre
de Chin-Tam. Ce prince lui envoya de riches préfents, & l'invita
de venir à fa cour; Y-Yn refufa
noblement les préfents, & s'excufa
de fe rendre à l'invitation. Ces riches préfents & cette invitation

honorable , dit-il , toucheroient
fans doute un homme du monde;
mais ils ne peuvent faire impreſsion
ſur moi , qui borne mes vœux &
ma félicité à labourer paiſiblement
mes champs, à chanter les vers des
ſages , à méditer leurs livres , à
imiter leur exemple. Puis-je renon-
cer à ce genre de vie pour me jetter
dans les embarras & dans les occupations périlleuſes d'une cour ?

Cette réponſe étonna le prince
Chin-Tam, & augmenta le deſir
qu'il avoit d'attirer à ſa cour le ſage
Y-Yn, & il lui envoya trois am-
baſsades pour le déterminer.

Le ſage , touché de l'empreſse-
ment du prince , ſe diſoit à lui-
même : Peut-être n'eſt-il pas impoſsible que ce prince devienne un

autre

autre Yao ou un autre Chun, & que tous ces peuples deviennent semblables aux peuples qui vivoient sous ces empereurs. Certainement si je pouvois contribuer par mes conseils à produire cet heureux effet, le spectacle n'en seroit-il pas plus touchant & plus agréable que de cultiver mes champs, de chanter les vers des sages & d'imiter leurs vertus avec un charme inexprimable pour moi, mais sans aucune utilité pour le peuple ?

En effet, le ciel veut que, parmi cette multitude d'hommes qu'il produit, ceux qui sont plus éclairés instruisent les autres, & que ceux qui se sont fortifiés dans l'exercice de la vertu aident & soutiennent ceux qui sont plus foibles. Le ciel

*Tome II.* G

m'ayant accordé à ces deux égards quelque chose de plus qu'aux autres hommes, il me semble que je dois faire servir ces avantages à l'instruction des autres & à la réformation de leurs mœurs, dont je vois que personne ne s'occupe.

Si, faute de ce secours, un seul homme ou une seule femme s'écarte des regles des bonnes mœurs, ne suis-je pas aussi coupable que si je les avois jettés dans un précipice? Déterminé par ces réflexions, il se rend auprès de Chin-Tam, & l'exhorte à déclarer la guerre au cruel & barbare empereur Kié, l'opprobre de la famille Hia, & qui faisoit gémir les peuples sous la plus terrible tyrannie.

Le disciple de Mencius lui parle

de plufieurs autres fages que l'on difoit s'être introduits par différents
ftratagêmes auprès des grands, des
miniftres & des rois : Memcius fait
voir que tout ce que l'on débite à
cet égard font des fables inventées
par cette foule de littérateurs médiocres qui voudroient par d'illuftres exemples excufer la bafsefse de
leurs intrigues, acquérir de la célébrité & de la fortune.

## CHAPITRE IV.

MEMCIUS dit que les anciens
fages n'avoient en vue que l'honnêteté & l'équité, quelque différence que les circonftances ou la
diverfité des caracteres ait pu mettre

dans leur maniere d'agir : ce qu'il prouve par l'exemple de pluſieurs ſages, *comme on l'a vu dans la premiere partie.*

Enſuite un ſage lui demande quel étoit l'ordre des dignités & de leurs honoraires pendant la dynaſtie des Cheu.

Il eſt aſez difficile de ſavoir ces choſes en détail, répond Memcius, parceque la vigueur de la diſcipline s'étant extraordinairement relâchée ſous la famille des Cheu, tous les rois de l'empire trouverent la ſubordination inſupportable, abolirent autant qu'ils le purent les ſages loix que les empereurs avoient portées pour les contenir dans l'ordre & dans le devoir : j'en connois cependant quelques unes.

Il y avoit cinq dignités dans l'empire; l'empereur, le duc, le prince, le comte, le marquis avec le baron; & l'on donnoit indistinctement le nom de roi au duc, au prince, &c.

Dans chaque cour l'empereur & le roi étoient la premiere dignité dans le lieu de leur résidence; les présidents des tribunaux souverains étoient la seconde dignité; les premiers préfets formoient la troisieme classe; les lettrés du premier, du second & du troisieme ordres formoient la quatrieme, la cinquieme & la sixieme.

Les loix avoient déterminé l'étendue de la domination de chaque dignité : les domaines de l'empereur étoient de mille stades; ceux du duc & du prince de cent; ceux du comte de soixante & dix ; ceux du marquis & du baron de cinquante. Chacun d'eux retiroit de ses domaines ce qui étoit nécessaire pour son entretien.

Ceux dont les domaines étoient au-dessous de cinquante stades ne pouvoient s'adresser immédiatement à l'empereur , & n'en ressortissoient pas immédiatement , mais par l'entremise du souverain dont ils étoient les vassaux.

Les honoraires des présidents de la cour impériale étoient égaux aux revenus des rois, des ducs & des princes; ceux des premiers préfets aux revenus des rois-comtes ; ceux des lettrés du premier ordre ou des docteurs étoient égaux aux revenus des marquis & des barons: car lors-

qu'ils quittoient la cour, les premiers
présidents des tribunaux devenoient
rois, ducs ou princes ; les premiers
préfets devenoient rois, comtes ;
& les lettrés du premier ordre ou
les docteurs devenoient marquis
ou barons ; & lorsqu'au contraire
les rois, ducs ou princes, étoient
rappellés à la cour, ils devenoient
premiers présidents des tribunaux
souverains, les rois-comtes devenoient premiers préfets, les rois-
marquis ou barons redevenoient
lettrés du premier ordre, ou docteurs.

Quant aux revenus annuels des
rois & des préfets qui leur étoient
subordonnés, voici l'ordre que l'on
suivoit dans un grand royaume qui
avoit cent stades quarrés. Le duc

ou le comte-roi avoit une portion de terre dix fois plus grande que les premiers préfidents des tribunaux fouverains, c'eft-à-dire qu'ils avoient pour revenu annuel trente-deux mille arpents; les premiers préfidents une portion de terre quatre fois plus grande que les premiers préfets, c'eft-à-dire trois mille deux cents arpents; les premiers préfets un revenu deux fois plus grand que les docteurs, c'eft-à-dire huit cents arpents; les lettrés du premier ordre, ou les docteurs, le double des lettrés du fecond ordre, c'eft-à-dire quatre cents arpents; les lettrés du fecond ordre le double du lettré du troifieme ordre, c'eft-à-dire deux cents; le lettré du troifieme ordre le revenu ou la folde des simples citoyens qui étoient chargés de quelque fonction publique, c'est-à-dire le revenu de cent arpents de terre ; revenu qui étoit censé tenir lieu des cent arpents que chaque pere de famille devoit labourer pour sa subsistance.

Dans un royaume de soixante & dix stades, le roi-comte avoit une portion de terre double de celle des présidents des tribunaux supérieurs, c'est-à-dire vingt-quatre mille arpents ; le président, le triple des revenus des premiers préfets, c'est-à-dire deux mille quatre cents arpents ; les premiers préfets, le double du revenu des lettrés du premier ordre, c'est-à-dire huit cents arpents ; les lettrés du premier ordre, le double des revenus des lettrés du

second ordre, c’est-à-dire quatre
cents arpents; les lettrés du second
ordre, le double des lettrés du troisieme ordre, c’est-à-dire deux cents
arpents; & les lettrés du troisieme,
ordre, le revenu d’un homme du
peuple qui remplit quelque fonction publique, c’est-à-dire le revenu de cent arpents assignés à
chaque pere de famille.

Cent arpents de terre rendent
plus ou moins, selon l’habileté &
la classe du laboureur. Cent arpents
de terre, confiés à un laboureur de
la premiere classe, peuvent, par
exemple, nourrir huit personnes;
ceux de la seconde classe sept, ceux
de la troisieme six, & enfin ceux
de la derniere classe cinq. On suivoit cet ordre dans le revenu que

l'on afsignoit aux citoyens chargés de quelque emploi public ; & felon l'importance de l'emploi, on lui afsignoit le revenu d'un laboureur de la premiere, de la feconde, ou de la derniere clafse.

Lorfque Memcius eut répondu à la queftion du premier difciple, un autre le pria de lui apprendre la bonne maniere de vivre avec les autres.

Ne foyez dans la fociété, dit Memcius, ni dominant, ni impérieux, ni arrogant ; ne vous prévalez jamais ni de votre âge, ni de votre dignité, ni de votre naifsance, ni du nombre de vos parents : car vous devez aller dans la fociété pour y chercher des exemples de vertus à imiter, & non des occafions de manifefter votre arrogance, ou de faire connoître le mépris que vous avez pour les autres.

Un premier ministre de Lu possédoit éminemment ces qualités, ou ce caractere social. Il étoit d'une famille illustre, & avoit cent chars. Il fut lié intimement avec cinq particuliers dont je ne me rappelle pas le nom; il ne cherchoit dans leur société que les charmes & les douceurs de l'amitié; & d'un autre côté, sa naissance illustre, sa dignité, ses richesses, n'entroient pour rien dans les motifs qui attachoient ces particuliers à son commerce. Il y a plus : le ministre eût rompu avec eux, s'il se fût apperçu que ses richesses, sa naissance ou sa dignité leur en imposassent.

Les exemples des rois, petits ou grands, qui ont suivi cette belle loi de l'amitié, ne sont pas rares. Hoéi Kum, roi du petit royaume de Pi, disoit : Je révere le docteur Tsu-Fu comme mon maître & comme mon guide dans l'étude de la sagesse ; j'aime & j'honore le docteur Yen-Vaen comme mon ami & comme mon compagnon de vertu; je dirige Van-Xam & Cham-Sié comme mes préfets & les exécuteurs de mes ordres.

On trouve même des possesseurs de grands royaumes qui, pour goûter avec les sages les plaisirs de l'amitié pure, sembloient oublier qu'ils étoient rois afin de n'être que des amis. Tel on vit le roi de Cyn qui, rendant visite au docteur Hay-

Tam, n'entroit chez lui, ne s'y asseyoit & n'y mangeoit qu'après que le docteur l'en avoit prié, & qui mangeoit chez ce docteur du riz ou des légumes mal assaisonnés comme les meilleurs mets. Mais ces égards extérieurs ne suffisent pas pour l'amitié : si un prince qui aime un sage ne lui communique pas les biens que le ciel lui a départis, il l'honore en disciple de la sagesse, & non en prince & en roi.

L'amitié de l'empereur Yao pour Chun eut tous les caractères de l'amitié véritable ; il le logea dans son palais, alloit le voir, mangeoit chez lui lors même qu'il n'étoit encore que particulier.

Enfin lorsqu'un inférieur honore

fon fupérieur, on dit qu'il honore celui qu'il doit honorer; & lorf-qu'un fupérieur honore fon infé-rieur, on dit qu'il honore un fage: dans l'un & dans l'autre cas, on fait ce que l'équité preferit à l'hon-nêteté.

Lorfque Memcius eut fini de parler, fon difciple Van-Ham dit: Voudriez-vous bien me dire ce que des amis doivent fe propofer en fe faifant réciproquement des pré-fents?

De fe donner des témoignages de refpect, dit Memcius.

Mais pourquoi dit-on que c'eft une irrévérence & une malhonnê-teté que de refufer deux fois? reprit le difciple.

Le voici, dit Memcius. Si un

honnête homme m'offre un présent, je dis aussitôt : La chose dont
on me fait présent a-t-elle été acquise justement ou injustement ? Si
elle a été acquise justement, je
peux l'accepter ; & si elle a été acquise injustement, je ne peux l'accepter. Ainsi lorsque je n'accepte
pas, je suis censé mépriser celui
qui veut me donner, & par conséquent manquer à l'honnêteté & au
respect : voilà pourquoi la loi de
l'amitié exige que je ne refuse pas
le présent qui m'est offert par mon
ami.

Mais si je ne suis pas sûr que le
présent a été acquis justement, ne
puis-je pas trouver des prétextes
pour refuser, sans dire la vraie raison ? dit le disciple.

Si l'homme qui m'offre un présent, dit Memcius, agit & parle
conformément aux regles de l'é-
quité & de l'honnêteté, qu'est-il
nécessaire de rechercher si ce présent a été acquis injustement? Confucius même ne l'auroit pas refusé.

Supposons, dit le disciple, qu'un
homme honnête & équitable dans
la vie ordinaire m'offre un présent
en observant toutes les regles de
l'urbanité, puis-je recevoir ce présent sans m'informer s'il a été acquis injustement, quoique je sache
cependant que cet homme exerce
hors du royaume le métier de brigand, enleve, vole, & souvent
tue les voyageurs?

Non certainement, dit Memcius; car le Chou-king déclare en

termes formels que ces brigands doivent être l'objet de la haine & de l'exécration de tous les hommes, & qu'il faut les punir fans les reprendre & fans entreprendre de les corriger. Or peut-on recevoir un préfent de ceux que la loi traite ainfi?

Fort bien, dit le difciple. Mais tous ces ducs, princes, comtes, marquis & barons-rois, qui s'emparent injuftement des biens des peuples, ne font ils pas femblables aux brigands qui volent les voyageurs? On ne doit donc pas recevoir leurs préfents, quand même en les offrant ils obferveroient toutes les loix de l'honnêteté & de l'urbanité?

Je conviens, répondit Memcius, que tous ces petits rois dépouillent

injuftement les peuples d'une grande partie de leurs biens ; mais c'eft
exagérer que de les mettre dans la
clafse des voleurs de grands chemins.

Suppofons en effet qu'il s'éleve
un empereur vertueux & inftruit
dans le grand art de gouverner :
croyez-vous qu'il fera arrêter fur-
le-champ & punir de mort tous ces
petits rois ? ne les avertira-t-il pas
auparavant ? n'emploiera-t-il pas
les moyens que la prudence lui fug-
gérera pour les inftruire & pour les
corriger ? n'attendra-t-il pas pour
les punir qu'il les ait trouvés indo-
ciles & incorrigibles ? Vous voyez
donc que ce feroit une rigueur ex-
cefsive que de mettre dans la clafse
des voleurs de grands chemins les

rois qui s'arrogent injuſtement une partie des biens des peuples.

Le ſage, en acceptant une ma-giſtrature, diſoit Memcius, ne doit ſe propoſer que le bien public & non de s'enrichir : on peut cependant prendre une charge pour ſe procurer les choſes néceſſaires à ſa ſubſiſtance, comme un homme qui ne peut travailler peut ſe marier pour ſe procurer des aliments, quoique la fin primitive du mariage ſoit d'avoir des enfants ; mais lorſqu'on prend une charge par pauvreté, il faut prendre la plus petite, & ne ſe permettre pas d'aſpirer aux hautes dignités.

Il faut, par exemple, tâcher d'obtenir une place de garde de la porte d'une ville. Confucius ne rougiſsoit point de remplir la place de receveur des impôts, & il diſoit alors : Moins ma charge eſt importante, & mieux je la remplirai ; je n'ai qu'à calculer ce que je reçois & ce que je donne. Lorſque dans la ſuite il devint préfet du parc du roi, il diſoit : Ma fonction paroît un peu vile ; mais elle eſt par cela même plus facile : & il me ſuffit pour la bien remplir, que les moutons & les bœufs ſoient grands & bien nourris ; on ne demande rien de plus.

Pourquoi, dit le diſciple, un lettré ne peut-il recevoir une penſion s'il n'eſt point en charge ?

Parceque cela eſt au-deſsus de ſa condition, dit Memcius. Un roi qui a perdu ſon royaume, peut recevoir d'un autre roi ce qui eſt néceſsaire pour vivre conformément aux loix de l'équité & de l'humanité. Mais on regarde avec raiſon comme dépourvu d'équité & d'humanité un lettré qui, n'ayant ni dignité ni charge, oſe recevoir une penſion alimentaire.

Du moins, dit le diſciple, ſi le roi lui offre du millet & du bled, il peut le recevoir.

Certainement, dit Memcius, car le roi doit la ſubſiſtance au peuple indigent, & le lettré qui eſt ſans charge & ſans dignité doit être mis au moins dans la claſse du peuple : ainſi il peut, ſans bleſser les loix de l'équité, reſsentir les effets de la munificence du roi.

Mais s'il peut recevoir un bienfait du roi, pourquoi ne recevra-t-il pas une penfion ? dit le difciple.

Parceque , dit Memcius , fuivant les principes de l'équité, on ne doit recevoir de penfion annuelle que pour un emploi que l'on exerce.

Memcius difoit à ce même difciple : Pour faire de grands progrès dans la vertu, il faut fe propofer de grands modeles à imiter, ou plutôt égaler & furpafser fes modeles. Par exemple , quelqu'un veut profiter dans la fociété des hommes de bien d'un lieu, il faut qu'il foit le plus homme de bien du lieu; s'il veut profiter dans la fociété des honnêtes gens d'un royaume, il faut qu'il foit le plus honnête homme du royaume; & le plus honnête homme de l’empire, s’il veut profiter dans la société des honnêtes gens de l’empire.

Le sage veut être en société non seulement avec tous les sages qui exiſtent dans l’empire, mais encore avec tous ceux qui ont exiſté : il recherche donc les héros illuſtres par leur sageſse & par leur vertu dans toutes les sociétés ; il apprend leurs vers dans le livre des poéſies, & leurs diſcours dans le livre des annales ; il médite leurs paroles & leurs maximes ; il apprend les leçons qu’ils ont laiſsées ; il faut surtout qu’il sache les actions de piété & de droiture qu’ils ont faites, leur maniere de vivre : il faut donc qu’il connoiſse les ſiecles dans leſquels ils ont vécu, qu’il diſcute soigneufement les principes de leurs actions, & qu'il s'entretienne familièrement avec eux comme s'ils étoient encore en vie. Cette espece de société & de familiarité avec les grands hommes est d'une utilité prodigieufe.

Pendant que Memcius étoit premier ministre du royaume de Cy, Si-Ven-Vam, qui en étoit roi, lui demanda quelle étoit la principale fonction du premier ministre.

De quel premier ministre parlez-vous ? dit Memcius.

Est-ce qu'il y en a deux ? dit Si-Ven-Vam.

Oui, reprit Memcius : il y a un premier ministre qui est proche parent du roi, de son sang & de son nom ; l'autre premier ministre ne l'eſt que par ſa charge, & n'eſt ni parent du roi ni de ſon nom.

Eh bien ! dit le roi, quelle eſt la principale obligation du premier miniſtre parent ?

La voici, dit Memcius. Si le roi tombe dans des fautes graves, & qu'il bouleverſe le bon gouvernement par ſes vices & par ſa tyrannie, il faut que le premier miniſtre l'avertiſse ſans détour & ſans déguiſement de ſon déſordre : ſi ce premier avertiſsement eſt ſans effet, il faut qu'il lui en donne un ſecond & un troiſieme : enfin s'il eſt ſourd à tous ſes avis , & qu'il perſévere opiniâtrément dans ſes fautes, alors, pour prévenir & empêcher la ruine totale du royaume, il faut qu'il choiſiſse dans la famille royale un homme diftingué par fa fagefse & par fa vertu, & qu'il le place fur le trône & le fubftitue au mauvais roi.

Cette réponfe étonna le roi ; & Memcius, voyant de l'altération dans fon vifage, ajouta fur-le-champ : Ne foyez point furpris, fire, de ce que je viens de dire; vous m'avez interrogé, je fuis votre client, j'ai dû vous dire la vérité franchement, fans voile & fans détour.

A ce difcours le vifage du roi fe calma, & après un moment de filence, il dit : Mais quelle eft la principale obligation du premier miniftre qui n'eft point parent du roi ?

Memcius dit : Si le roi tombe dans des fautes qui ne foient pas de la derniere importance, quoique graves ; fi, par exemple, il s'écarte des regles du bon gouvernement dans le choix des préfets & des moyens de procurer le bien du royaume, il faut qu'il l'avertiſſe avec douceur & avec circonſpec-tion ; fi ſon premier avertiſſement eſt ſans effet, il faut qu'il l'aver-tiſſe une ſeconde & une troiſieme fois ; & fi ces avertiſſements réité-rés ſont inutiles, il faut qu'il ſe re-tire.

## CHAPITRE V.

MEMCIUS avoit dit que la na-ture humaine par elle-même eſt droite. Kao-Tſu ſon diſciple lui propoſa ſur ſon ſentiment les dou-tes ſuivants.

Si la nature humaine eſt droite, comme vous le penſez , il faut que la piété & l'équité lui ſoient inhérentes , eſſentielles , & par conſéquent qu'elle ne les reçoive point du dehors. Il me ſemble cependant que l'on pourroit comparer la nature humaine à l'oſier , & la piété & l'équité à un vaſe enveloppé de branches d'oſier artiſtement treſſées ; il me ſemble , dis-je , que la piété & l'équité ne ſont point inhérentes ou eſſentielles à la nature humaine , mais que ces vertus ſont l'ouvrage du travail, qui la façonne, pour ainſi dire , & lui fait prendre cette forme, comme il n'eſt pas de la nature de l'oſier de former un vaſe, & comme cet oſier ne devient un vafe que parcequ'on le tourne & qu'on le treffe.

La belle comparaifon ! dit Mem-cius. Pourriez-vous faire un vafe avec de l'ofier fans couper fes branches, fans les courber, fans les entrelacer, & par conféquent fans changer la nature de l'ofier, fans l'altérer ? croyez-vous que, pour produire dans l'homme la piété & l'équité, l'on doive changer & altérer la nature de l'homme ?

D'ailleurs fi l'on perfuade aux hommes que la piété & l'équité ne font pas des propriétés qui naiffent de leur nature, ils croiront fans peine que ces deux vertus ne leur font point nécefsaires ; & par conféquent cette multitude de peuples qui habitent l'empire, trompés par vos difcours, renonceront à la pié-té & à l'équité, & chacun, en fortant du chemin de la vertu, croira fuivre la nature.

Je ne prétends pas que la nature humaine foit abfolument mauvaife, dit le difciple : je la crois feulement indifférente au bien & au mal. C'eft à-peu-près ainfi que de l'eau qui tomberoit de fort haut dans une fofse qui n'auroit point d'ifsue, y formeroit des bouillon-nements, des tournants, & fortiroit à l'orient, fi l'on y faifoit une ouverture, & du côté de l'occident, fi l'ouverture étoit à l'occident. C'eft à-peu-près ainfi que je conçois que le ciel produit la nature humaine ; elle ne me femble par

elle-même ni bonne ni mauvaise;
mais, indifférente à l'un ou à l'autre, elle est déterminée dans chaque homme par ses mœurs, &
devient bonne si les mœurs sont
bonnes, & mauvaise si les mœurs
sont mauvaises; comme l'eau qui
tourne dans une fosse qui n'a point
d'issue est indifférente à couler du
côté de l'orient ou du côté de l'occident.

Fort bien, dit Memcius. Mais
cette eau indifférente à couler vers
l'orient ou vers l'occident, l'est-
elle aussi à monter ou à descendre?
La bonté innée de l'homme, son
penchant pour la vertu, lui sont
aussi naturels que la pesanteur qui
fait descendre l'eau & qui la fait
couler de haut en bas. Vous ne

trouvez point d'homme qui, par la bonté efsentielle de fa nature, ne tende à la vertu ; comme vous ne trouverez point d'eau qui, par fa gravité naturelle, ne tende à couler dans les lieux moins élevés.

Mais fi l'eau eft agitée par le vent, ou poufsée par quelque caufe étrangere, elle peut s'élever & jaillir au-defsus de notre tête ; on peut même, en la refserrant & en dirigeant fon cours, faire qu'elle s'éleve fur les montagnes : mais ce mouvement eft-il le mouvement naturel de l'eau & la direction naturelle de fa gravité efsentielle, ou un mouve-ment & une direction qu'elle reçoit d'une caufe étrangere ? De même l'homme peut être entraîné par une cupidité vicieufe vers le mal ; mais il eſt alors dans l'état de l'eau qui s'éleve au-deſsus de notre tête, ou ſur la montagne : l'homme alors change la direction primitive de ſa nature, qui par elle-même le portoit au bien.

Voici, répondit le diſciple Kao-Tſu, pourquoi je penſe que la nature eſt indifférente au bien & au mal. La vie eſt la nature même, car la vie eſt dans la nature & dépend d'elle ; ou, ſi vous le voulez, la nature n'eſt que la réunion des choſes qui conſtituent la vie : or trois choſes conſtituent eſsentiellement la vie de l'homme, connoître, ſentir, ſe mouvoir, & par conſéquent elle eſt indifférente au bien & au mal.

Dites-moi, je vous prie, reprit

Memcius, fi vous entendez que la vie eft la nature même dans le fens que l'on dit que tout ce en quoi réfide la blancheur eft blanc.

Oui, répondit Kao-Tfu.

Ainfi, dit Memcius, une plume blanche eft blanche, comme la neige blanche eft blanche, & la neige blanche eft blanche comme la plume blanche eft blanche.

J'en conviens, dit Kao-Tfu.

Ainfi la nature du chien qui vit n'eft point différente de la nature du bœuf qui vit, & la nature du bœuf qui vit n'eft point différente de la nature de l'homme qui vit; car fi vous réduifez la vie de l'homme à connoître, fentir & fe mouvoir, je ne vois pas en quoi il différeroit des brutes : mais fi vous y

ajoutez la droite raiſon avec le ſecours de laquelle il s'éleve à l'a-
mour & à la pratique de la piété,
de l'équité, de l'honnêteté, de la
prudence, alors vous trouverez une
grande différence entre les animaux
& l'homme.

Kao-Tſu, perſiſtant à croire que
la nature de l'homme conſiſtoit
dans la vie, c'eſt-à-dire dans la faculté de connoître, de ſentir & de
ſe mouvoir, lui dit : Prenons pour
exemple le goût & la vue : lorſque
les forces d'un homme ſont répa-
rées par le ſecours des aliments,
& que ſa vue eſt récréée par la
beauté des couleurs, c'eſt alors la
nature qui agit elle-même ; le penchant, le ſentiment du cœur, qui
font qu'un homme recherche les
faveurs

faveurs des aliments & la beauté
des couleurs, font une efpece de
piété ou d'amour ; & cette faveur
des aliments, aufsi-bien que la
beauté des couleurs, eft une efpece
d'équité. Cette affection du cœur
eft quelque chofe d'intrinfeque à
l'homme. Ainfi la piété eft en effet
au-dedans de l'homme ; mais la faveur des mets & la beauté des couleurs font hors de l'homme, & par
conféquent l'équité n'eft point au-
dedans de l'homme. Ainfi la chofe
la plus importante pour l'homme
eft de fuivre la piété & non l'équité.

La piété & l'équité, reprit Memcius, ont leur racine dans la raifon
même, & la raifon réfide dans l'efprit : comment donc peut-on dire

que la piété eft dans l'homme & l'équité hors de l'homme ? L'équité qui fait que je refpecte un homme plus âgé que moi, n'eft-elle pas un fentiment de mon ame ?

Dites-moi un peu, je vous prie, en quoi vous penfez que réfide l'é-quité du refpect que l'on rend aux vieillards : eft-ce dans leur âge plus avancé ? n'eft-ce pas plutôt dans un fentiment interne de l'ame qui ré-vere le vieillard pour fon grand âge ? Si vous fuppofez que l'équité du refpect que l'on porte aux vieil-lards confifte dans un fentiment de l'ame, l'équité eft donc intérieure ou intrinfeque à l'homme.

Voici, dit Kao-Tfu, ma derniere difficulté. Deux hommes fe pré-fentent à moi : l'un eft mon frere cadet ; l'autre eft aufsi un frere cadet, mais il n'eft pas mon frere : j'aime le premier comme mon frere, parcequ'une déleétation intérieure me porte vers lui & non vers le fecond; voilà pourquoi je penfe que la piété eft quelque chofe d'intrinfeque à l'homme. Au contraire, deux vieillards d'un âge égal fe préfentant à moi, je me fens porté à les refpeéter également par équité; or ce droit de l'équité a pour principe l'égalité de l'âge qui eft abfolument extrinfeque à mon ame : voilà pourquoi je dis que l'équité eft quelque chofe d'extrinfeque à l'homme.

Je vois deux morceaux de viande, répondit Memcius, l'un que j'ai cuit moi-même, l'autre cuit par un étranger; je les defire tous deux également, parceque la faveur de l'un & de l'autre m'attire également : or cette faveur eft abfolument extrinfeque à moi; ainfi le defir ou l'amour que j'ai pour cette viande, cet amour que vous appellez de la piété, eft extrinfeque à mon ame.

Le difciple Kum-Tu dit à Memcius : La nature de l'homme a, felon vous, une efsence déterminée; pourquoi donc y a-t-il fur ce point tant de fentiments différents? Kao-Tfu dit que la nature humaine n'eft ni bonne ni mauvaife par elle-même, & que le vice ou la vertu ne naifsent point de fon fonds, mais viennent du dehors.

Quelques uns difent que la fubſtance de la nature humaine n'eſt point déterminée, qu'elle peut devenir bonne ſi on lui fait contracter de bonnes mœurs, & mauvaiſe, ſi on lui fait contracter de mauvaiſes mœurs. Voilà pourquoi, lorſque Ven-Vam & Vu-Vam gouvernerent l'empire, tous les peuples imiterent leur exemple & embraſserent la vertu ; au contraire, lorſque les princes Yen-Nam & Ly-Vam don-nerent l'exemple du vice, les peu-ples devinrent vicieux.

Quelques autres veulent que les hommes naiſsent bons ou mé-chants, & tellement déterminés par la nature au vice ou à la vertu, que rien ne peut rendre vicieux ceux qu'elle a produits vertueux, ni ver-tueux ceux qu'elle a fait naître vicieux. Ainſi ſous l'empire d'Yao on vit Siam que rien ne put corriger du vice, & Chun ſon frere que rien ne put détourner de la vertu. Sous l'empereur Cheu, le premier & l'opprobre de ſes freres, les princes Vi-Tſu-Ki & Pi-Keu ſes oncles, & fils d'empereurs, furent admirés pour leur ſageſse & pour leur vertu.

Dites-moi, je vous prie, ce que vous répondez à ces difficultés.

Il eſt difficile de connoître la nature de l'homme en elle-même, dit Mencius : mais pour juger qu'elle eſt très bonne, il ne faut que réfléchir ſur les penchants naturels de l'homme ; vous les trouverez tous dirigés vers la droite raiſon, vers l'honnêteté des mœurs, vers la droiture du cœur, & c'eſt pour cela que je dis que la nature humaine eſt très bonne. Quant à ces hommes perdus qui donnent tête baiſsée dans le vice & dans le crime, il ne faut point l'imputer à la nature, ou penſer qu'ils n'aient pas reçu en naiſsant les facultés néceſsaires pour n'être pas méchants; ils ne le font devenus que parceque des paſsions vicieuſes ont aveuglé leur cœur & perverti leur droiture naturelle.

Mais pour connoître plus clairement encore la droiture de cette affection naturelle, & par conſéquent la bonté de la nature humaine, faites attention à ceci.

Il y a dans tout homme un ſens inné de commiſération qui le porte à fecourir le malheureux, un fens inné de pudeur qui lui donne de l'averfion pour les chofes honteufes & qui l'en éloigne, un fens inné de refpect pour fon fupérieur, un fens inné pour la fcience par le moyen duquel il difcerne le vrai du faux, l'honnête du déshonnête.

Le fens inné de la commifération fe nomme piété; le fens inné de la pudeur, équité; le fens inné pour le refpect eft l'honnêteté; le fens inné de la fcience eft ce que l'on nomme prudence.

Ces quatre vertus, je veux dire la piété, l'équité, l'honnêteté, la prudence, font inhérentes à la nature humaine comme des parties de fon efsence; elles ne lui viennent point du dehors, & ne font

point en lui des qualités acciden-
telles.

Mais, hélas! par un aveuglement déplorable, les hommes pour
la plupart ne réfléchifsent pas fur la
droiture de leur nature, & ne cherchent point à la connoître. On dit
avec raifon: Ceux qui la cherchent
la trouvent, & fe rendent illuftres
par leurs vertus & par leur fagefse;
mais ceux qui la négligent la perdent, & ne font que de miférables
petits hommes diffamés par leurs
vices.

Il y a au refte des degrés dans la
perverfité de ceux-ci, & ils font
plus ou moins éloignés de la fagefse & de la vertu des premiers,
tantôt de deux degrés, tantôt de
quatre; quelquefois ils en font à

une diſtance infinie, mais toujours parcequ'ils n'ont jamais penſé à cette droiture de leur nature & à la néceſsité de la ſuivre & de la cultiver pour remplir leurs devoirs.

Ces vérités ſont conſignées dans le livre des poéſies; on y lit : « Dans « tous les peuples que le ciel pro- « duit, on trouve la matiere & la « forme : tous les hommes ont donc « une nature commune ; c'eſt pour « cela qu'il n'y a perſonne qui ne « ſoit épris de la beauté de la ver- « tu. »

Confucius, en liſant ce paſsage, s'écria : Que ce grand poëte a bien connu l'art de bien vivre ! car lorſque le ciel a produit l'homme, il lui a donné la matiere pour la compoſition de ſon corps, & il l'a doué

de la droite raifon, qui eft comme
fa forme, & qui doit donner à la
nature humaine fa perfection. Voilà la nature commune qui fe trouve
dans tous les hommes; voilà pourquoi notre nature eft toujours éprife
de la beauté de la vertu lorfqu'elle
ne fuit que fon propre mouvement.

Une expérience journaliere nous
apprend que dans les riches années
de fertilité, où l'on a facilement
les chofes nécefsaires à la fubfiftance, il y a beaucoup d'hommes
vertueux; & qu'au contraire dans
les années ftériles, où l'on manque
de beaucoup de chofes nécefsaires
à la fubfiftance, il y a beaucoup
d'hommes qui s'abandonnent au
crime : cependant, dans ces diffé-

rentes années, ce font les mêmes hommes qui ont la même nature, les mêmes facultés naturelles.

Cette diverfité que l'on obferve dans les actions tantôt bonnes & tantôt mauvaifes des hommes, ne doit donc point être imputée au ciel, comme fi une année il donnoit aux hommes une bonne nature, & une mauvaife dans une autre année.

Dans les années de ftérilité, le befoin, la faim, la mifere, replient pour ainfi dire l'homme fur lui-même, & faufsent fa droiture naturelle en ne le rendant attentif qu'à fon utilité particuliere : ce qui le conduit & le précipite dans la fange du vice.

Rendons ceci fenfible par une

comparaifon. On feme du même orge dans le même champ & dans le même temps ; il leve, croît & mûrit dans le même temps : cependant il ne rend pas par-tout également ; ici il donne beaucoup de grain, là il en donne peu, parcequ'ici le terroir étoit gras, & que là il étoit maigre ; parceque la pluie & la rofée, nécefsaires pour l'accroifsement de l'orge, n'ont pas tombé également par-tout ; ou enfin parceque le laboureur n'a pas donné les mêmes foins à toutes les parties du champ.

Enfin la nature eft la même dans toutes les chofes de la même efpece ; pourquoi donc douter que la nature foit la même dans tous les hommes ? Certainement l'homme

le plus illuftre par fes lumieres &
par fes vertus n'a pas en partage
une autre ame que moi.

La refsemblance feule que nous
voyons dans le corps de tous les
hommes ne fuppofe-t-elle pas qu'ils
ont tous la même nature? Le fage
Lum-Tfu difoit: Quoique je voie
un cordonnier faire des fouliers
fans connoître la mefure des pieds
& fans l'avoir prife, je fais cependant qu'il fait des fouliers & non
des paniers, parceque, tous les pieds
des hommes, foit grands, foit petits, étant femblables, ces fouliers
grands & petits feront femblables.

Ce n'eft pas feulement par les
pieds que les hommes font femblables, leur bouche eft encore
femblable. La bouche de tous les

hommes defire de boire & de manger. J'aime beaucoup le mets afsaifonné par le fameux cuifinier Yé-
Ya, & il plaît de même à tous les
hommes, non parceque le cuifinier
avoit feul la faculté de diftinguer
le goût de chaque aliment, mais
parcequ'il favoit donner aux aliments une faveur qui plaît à tous
les hommes. Or fi la nature du palais étoit différente dans tous les
hommes comme elle l'eft dans les
chiens & dans les chevaux, qui font
des efpeces différentes de l'homme, pourquoi tous les hommes ai-
meroient-ils le mets afsaifonné par
le cuifinier Yé-Ya? Il eft donc certain que la nature du palais eft la
même dans tous les hommes.

Ce que je dis du palais convient

à l'oreille. Tous les hommes aiment à entendre la mélodieuse voix du célebre muficien Su - Quam. Ainfi la nature de l'oreille eft la même dans tous les hommes.

Il en eft de même des yeux pour la beauté des couleurs & des formes; vous n'auriez pas trouvé fur la terre un homme qui n'eût pas trouvé beau le jeune Tfu-Tu.

Si le palais de tous les hommes aime les mêmes faveurs, leur oreille les mêmes fons, leur œil les mêmes couleurs & les mêmes formes, comment fe pourroit-il que, dans tous les hommes, le cœur, qui eft le maître du corps & le principe de tous les mouvements aufsi-bien que des fenfations du goût, de l'ouie & des yeux; comment, dis-je, ſe pourroit-il que, dans tous les hommes, le cœur n'eût pas les mêmes penchants & les mêmes inclinations ?

Mais en quoi & pourquoi, direz-vous, le cœur de tous les hommes eſt-il le même ? c'eſt par la droite raiſon & par l'équité. Les hommes les plus renommés pour leur ſageſse & pour leur vertu n'eurent, ne conſidérerent que ce que mon cœur, auſsi-bien que celui de tous les hommes, poſsede, aime & conſidere. Voilà pourquoi mon cœur & mon eſprit ont pour la droite raiſon & pour l'équité un amour auſsi naturel que le deſir de mon palais pour les faveurs agréables de la viande, des légumes & des fruits.

Mais, hélas ! combien cette

droiture naturelle de notre cœur est cruellement pervertie par les defirs déréglés qui attaquent prefque fans cefse les hommes ! On voyoit autrefois dans le royaume de Cy une montagne couverte d'arbres de la plus grande beauté, & qui offroit un riche & charmant afpect. Située dans le voifinage des fauxbourgs de la capitale, les bûcherons l'ont fouvent dévaftée : pouvoit-elle conferver fa beauté primitive ? Cependant, tant que les racines des arbres n'ont pas été arrachées & détruites, elles pouffoient des rejettons qui pouvoient rendre à la montagne fon ancienne beauté; mais les bœufs & les moutons ayant brouté & foulé aux pieds les rejettons à mefure que la terre les produifoit, elle n'offre plus qu'un fommet aride & ftérile, comme vous le voyez.

Si quelqu'un, en voyant cette montagne dépouillée d'arbres, difoit que le fol en eft ftérile, qu'il ne peut produire du bois, & qu'il n'y a jamais eu de forêt fur cette montagne, croyez-vous qu'il dît une chofe vraie ou fenfée, & qu'il connût la nature de la montagne ?

Cette montagne, dépouillée de fes arbres, contient encore dans fon fein un principe fécond & capable de produire des arbres femblables à ceux dont elle a été ornée. Il en eft ainfi de l'homme ; le fens de la piété, de l'équité, de la droite raifon, inné dans fon cœur, n'y fubfifte-t-il pas encore ? Il

pourroit donc recouvrer fa premiere droiture, même lorſque les
paſsions l'ont altérée; mais lorſque
ces mêmes paſsions attaquent con-
tinuellement les vertus renaiſsantes
& en étouffent les germes dans le
cœur, la droite raiſon, la piété,
l'équité, ne doivent-elles pas s'af-
foiblir fans ceſse & paroître anéan-
ties dans le cœur de l'homme,
comme les principes de fécondité
& les germes des arbres paroiſsent
anéantis fur la montagne de Kien-
Nam?

En effet, pendant le repos de la
nuit, lorſque les paſsions ceſsent
d'agir, l'équité, la piété, la droite
raiſon, commencent à renaître; &
le matin, lorſque l'ame eſt encore
dans un état de calme & de féréni-

té, tous les hommes aiment la vertu & ont de l'averfion pour les chofes honteufes. Si un homme pouvoit conferver ces heureux effets de la droite nature, il pourroit recouvrer fa vertu ; mais fi, abandonnant le foin que demandent ces fentiments, il livre de nouveau fon cœur aux pafsions, alors la perverfité, prenant chaque jour de nouvelles forces, étouffera tous les germes des vertus.

Ainfi il n'éprouvera plus les matins ces mouvements par lefquels la nature le rappelloit à la droite raifon, à l'équité, à la piété; les germes de ces vertus paroîtront anéantis dans fon cœur, & dans cet état il fera peu différent des brutes. Mais croiriez-vous celui qui, en voyant cet homme, diroit qu'il n'a jamais eu une difposition naturelle à la droite raifon, à l'équité, à la piété?

: Il n'y a point de chofe qui ne croiffe, fi on lui donne fa nourriture, & qui ne périffe, fi elle en eft privée.

Lorfque j'étois dans le royaume de Cy, j'allois voir le roi Si-Ven-Vam, & je le trouvois dans un aveuglement déplorable, mais qui ne m'étonnoit pas beaucoup, car il ne s'occupoit que très peu de temps & très fuperficiellement des connoiffances qui pouvoient former & pour ainfi dire nourrir fon cœur. L'efpece d'arbre dont la croiffance eft la plus rapide ne peut jamais arriver à fa grandeur

naturelle & porter des fruits, si vous
le placez dans un climat où un
jour de chaleur est suivi de dix
jours de froid. Voilà l'emblême des
leçons que je donnois à Si-Ven-
Vam. Je ne voyois que rarement,
& pendant peu de temps, ce prince.
Le jour où je le voyois, je tâchois,
par mes conseils & par mes instructions, d'éclairer son esprit & d'é-
chauffer son cœur pour l'engager à
suivre la droite raison. C'étoit pour
cette jeune plante un jour de chaleur.

Mais j'étois à peine sorti du palais, qu'une foule de flatteurs & de
beaux esprits ignorants, adulateurs, médifants, obsédoient ce
prince, & étoient dix jours de froid
pour les foibles femences de raison

& d'honnêteté que j'avois jettées dans son ame. Il goûtoit, il approuvoit ce que je lui disois, & je voyois de temps en temps les germes de l'honnêteté renaître & se développer : mais à quoi cela servoit-il ?

Le prince d'ailleurs donnoit peu d'application à l'étude de la sagesse : pouvoit-il y faire du progrès ? Le jeu des échecs, par exemple, peut à peine être compté parmi les moindres arts ; cependant on ne peut l'apprendre sans s'y appliquer.

Il y avoit autrefois un nommé Cieu, fameux dans tout l'empire pour sa grande habileté dans ce très petit art. Si vous aviez donné à ce maître deux disciples, dont l'un se fût beaucoup appliqué à ses leçons, & l'autre les eût écoutées sans y faire attention, il est certain que le premier auroit fait plus de progrès que le second : croiriez-vous pour cela que le second a moins d'esprit que le premier? Certainement vous vous tromperiez, & la différence de leurs progrès dans l'étude des échecs viendroit de l'inégalité de leur application. Si-Ven-Vam traite l'étude de la sagesse comme le second disciple traite les échecs.

Il en est ainsi de presque tous les hommes de nos jours; occupés uniquement de leur fortune & de leurs plaisirs, ils négligent & méprisent la droite raison & l'équité, quoiqu'il n'y ait rien d'aussi excellent, d'auſsi important & d'auſsi précieux, ſans excepter la vie même. Par exemple, on m'offre un jambon d'ourſin & un poiſson d'un goût exquis ; j'aime beaucoup l'un & l'autre, mais je ne peux en avoir qu'un, & il faut choiſir : le jambon d'ourſin eſt certainement meilleur que le poiſson pour le goût & pour le prix ; je préfere le jambon : de même j'aime beaucoup la vie & l'équité ; mais je me trouve dans des circonſtances où je ne peux conſerver l'une & l'autre, il faut choiſir : je renonce à la vie & je conſerve mon équité.

J'aime beaucoup la vie, j'aime davantage l'équité : voilà pourquoi je crois qu'il ne faut pas conſerver ſa vie par l'iniquité & par la turpitude. Je hais beaucoup la mort, mais je hais davantage l'iniquité ; & je préfere la mort à l'iniquité, parceque je regarde la mort comme un moindre mal.

Si une fois on suppofe que l'on ne doit aimer rien plus que la vie, vous voyez aufsitôt tous les hommes employer pour la conferver tous les moyens, même les plus criminels. Et qui voudroit alors expofer fa vie pour la juftice ? De même s'il n'y a point de mal plus terrible que la mort, on emploiera, pour fe fouftraire au danger de perdre la vie, tous les moyens imaginables, & même les plus criminels : alors qui voudroit s'expofer aux dangers, au malheur, à la mort pour la juftice ? Et comme l'homme eſt tellement formé par la nature, qu'il voit & juge qu'il doit aimer l'équité plus que la vie, & haïr moins la mort que l'iniquité, il arrive qu'il refuſe de commettre l'iniquité lors même qu'en la commettant il évite la mort & conſerve ſa vie.

Ce ſens de l'eſprit qui fait juger que l'on doit plus aimer l'équité que la vie, eſt inné dans tous les hommes comme dans les ſages: mais les inſenſés l'éteignent & le perdent; les ſages au contraire le conſervent & le fortifient.

Une écuellée de riz, ou une taſſe de bouillon, ſont bien peu de choſe; cependant elles ſauveroient la vie à un homme qui ſeroit dans le plus extrême beſoin de manger, &

il périroit faute de ce secours.

Supposons que, sur un chemin où passent des voyageurs pressés par la faim, un homme du peuple leur propose ces foibles secours, mais avec une brutalité insultante & dans les termes les plus injurieux ; aucun d'eux, quoique pressé par la faim, n'acceptera la nourriture qui lui est ainsi offerte : & si ce même homme, après avoir jetté son riz par terre & l'avoir foulé aux pieds, l'offroit à des mendiants, ils ne l'accepteroient pas.

Aujourd'hui la plupart des gens du bon ton recherchent avec empressement, obtiennent sans répugnance, acceptent avec reconnoissance toutes les charges qu'on leur offre ainsi, pourvu que l'on y

attache un revenu de dix mille mesures de grain. Mais qu'est-ce donc
que des choses extérieures, dix mille
mesures de grain par exemple, lorsque je les possede, ajoutent à ma
personne ? & qu'est-ce que l'on re-
tranche de ma personne lorsqu'on
ne me les donne pas ? Pourquoi donc
les ambitionner si ardemment & les
obtenir à ce prix ? Hélas ! c'est pour
bâtir des maisons superbes, pour
plaire à des femmes & à des concu-
bines, pour donner avec ostentation quelques secours à des pauvres
connus, à des amis, ou pour se faire
des partisans & des prôneurs.

Ce n'est donc ni par besoin ni
par nécessité qu'ils recherchent &
qu'ils acceptent des dignités ainsi
offertes & obtenues à ce prix : ils

sont donc moins honnêtes que les voyageurs & les mendiants qui, pressés par la faim, refusent le riz qu'on leur offre insolemment. Disons-le franchement, ils ont dépouillé toute pudeur & tout sentiment naturel d'honnêteté ; ils n'ont presque plus rien d'humain.

Cette honnêteté intérieure est comme le cœur de l'homme, & l'équité comme le droit chemin de l'homme. N'est-ce donc pas une chose déplorable qu'il y ait des hommes qui, méprisant l'équité, sortent du chemin où ils devroient marcher, & qui, renonçant à tout sentiment intérieur d'honnêteté, partagent leur cœur entre une foule d'objets honteux, & le perdent sans

fonger ni à le recueillir ni à le chercher ?

Tout le monde cherche un chien
s'il l'a perdu, & perfonne ne penfe
à retrouver fon cœur : n'eft-ce donc
pas le comble de l'aveuglement &
de la lâcheté ?

Si , par la contraction des nerfs ,
le doigt index ne pouvoit s'étendre
comme les autres doigts , fans cependant caufer la moindre douleur, on ne négligeroit point d'avoir
recours à un médecin qui pourroit
lui rendre fa flexibilité, afin d'avoir
le doigt comme tous les autres
hommes ; & perfonne ne prend le
moindre foin pour redrefser fon
cœur : n'eft-ce pas méconnoître
honteufement le prix des chofes ?

Un homme qui fait un jardin, prend toutes les précautions possi- bles pour que ses plantations soient bien entretenues, & pour qu'elles aient la nourriture nécessaire pour croître promptement ; mais per- sonne ne cherche ce qui peut nour- rir son cœur : n'est-ce pas estimer ses arbres plus que soi-même ?

L'homme doit se nourrir, parce- qu'il s'aime ; & comme il s'aime tout entier, il doit se nourrir tout entier ; & ce n'est que de lui-même qu'il peut apprendre s'il se nourrit bien ou mal.

L'homme est composé de deux parties ; l'une plus noble & plus grande, l'autre moins noble & plus petite : la plus noble & la plus grande, c'est son cœur & son esprit ;

la moins noble & la plus petite, c'eft la bouche & l'eftomac. L'équité demande que l'on eftime le plus grand plus que le moins grand, & que l'on cultive avec plus de foin le plus noble que le moins noble. Il n'eft donc pas permis de procurer le bien & l'avantage du moins noble & du plus petit au préjudice & au détriment du plus noble & du plus grand. Voilà à quoi fe réduit tout l'art de fe nourrir bien ou mal.

Celui qui foigne plus la partie la moins noble & la plus petite de lui-même que la partie la plus noble & la plus grande, n'eft jamais qu'un petit homme très ignoble; & celui qui donne plus de foin à la partie la plus noble &

la plus grande de lui-même, devient un grand homme & un héros.

Ne regarderoit-on pas comme le plus ignorant & le plus fot des hommes un cultivateur qui don-neroit tous fes foins à la culture des ronces ou des buifsons, & qui négligeroit celle des arbres les plus utiles?

Les gourmands & tous ceux qui ne s'occupent que des moyens de goûter les plaifirs des fens & qui négligent leur efprit & leur cœur, font ce cultivateur, &, comme lui, font dignes de mépris.

Mais, dit le difciple Kum-Tu-Su, puifque tous les hommes font égaux quant à la fubftance, pour-quoi tous ne cultivent-ils pas la partie la plus noble d'eux-mêmes?

pourquoi y a-t-il à cet égard tant de différence entre eux ?

Cela dépend de la connoiſance, dit Memcius. Je m'explique : la fonction de l'oreille eſt d'entendre, comme celle de l'œil eſt de voir ; mais l'oreille ne connoît point la nature de ce qu'elle entend, & l'œil la nature de ce qu'il voit : l'œil & l'oreille peuvent donc être ſurpris par l'attrait agréable des couleurs, ou par les accents d'une voix touchante. Mais le cœur a la faculté de pénétrer dans la nature des choſes ; & s'il veut en faire uſage, il découvre facilement ce qu'il y a de dangereux dans ce que l'œil voit, ou dans ce que l'oreille entend : mais il ne la connoît pas s'il ne fait pas uſage de cette faculté ; & l'œil

ou

ou l'oreille, attaqués par des cou‑
leurs ou par des fons agréables,
céderont fans réfiftance. Cet hom‑
me fera principalement ufage de
l'activité de fon efprit pour fe pro‑
curer les fenfations agréables des
couleurs & des fons; il négligera
fon cœur & fon efprit.

Nous recevons du ciel l'œil, l'o‑
reille & le cœur : mais certaine‑
ment le cœur eft le plus noble des
trois; c'eft à proprement parler le
premier principe de la vue & de
l'ouie. Lorfqu'une fois ce premier
principe de l'ouie & de la vue s'eft
prémuni & affermi contre les im‑
prefsions dangereûfes qui peuvent
attaquer les yeux & les oreilles,
alors rien ne peut ʃrendre fur les
yeux & fur les oreilles dé l'homme

un empire qui le fouftraie à celui de la droite raifon, & c’eft en cela que confifte la fublime excellence des illuftres héros; c’eft cette dignité célefte qui les éleve au-defsus des hommes ordinaires.

Il y a en effet deux efpeces de dignités; l’une vient du ciel, & l’autre des hommes. Cette derniere eft donnée par les hommes; la premiere eft conférée par le ciel. La piété, l’équité, la fidélité, la vérité, l’amour conftant de la vertu, voilà la dignité du ciel; le premier miniftere de l’empire, la premiere préfidence des tribunaux fouverains, la premiere préfecture, voilà ce que l’on appelle la dignité des hommes.

Autrefois les hommes ne s’occu-

poient qu'à embellir pour ainfi dire
& à orner leur dignité , & les dignités des hommes venoient elles-
mêmes les chercher & s'en emparer pour ainfi dire au milieu de ces
occupations. Aujourd'hui les hommes n'ornent leur dignité célefte
que pour parvenir à quelque dignité humaine ; & lorfqu'ils y font
parvenus, ils abdiquent aufsitôt la
dignité célefte , & renoncent abfolument & entièrement à la piété ,
à l'équité , à la fidélité, à la vérité :
ils font même arrivés à un tel degré d'aveuglement & de folie, qu'ils
ne favent pas qu'on ne peut conferver la dignité humaine fans là
dignité célefte ; ils perdent l'une &
l'autre , parcequ'épris d'un faux

honneur, ils ne favent pas aimer le vrai.

La nature fait naître tous les hommes avec le defir de la gloire, de l'honneur, de la noblefse ; mais, hélas ! ils ne penfent pas que le véritable honneur, la véritable gloire & la véritable noblefse, font dans eux-mêmes. En effet, ce qu'ils regardent comme honorable, comme glorieux, comme noble, n'eft point cette vraie honnêteté que le ciel verfe dans nos ames, & qui eft infiniment plus précieufe que toute autre efpece d'honneur, de gloire & de noblefse, & qu'aucun homme ne peut nous enlever. La gloire & la noblefse à laquelle ils afpirent confifte dans un vain appareil &

dans une plus vaine réputation de
magnificence & de grandeur dont
les hommes les gratifient ou les dépouillent à leur fantaisie. Cette vérité est consignée dans un proverbe
qui dit : « Ceux que Chao-Mam,
« premier ministre de Cin, rend
« nobles & honorables en leur don-
« nant une dignité, en la leur ôtant
« il les fait rentrer dans l'humilia-
« tion & dans la classe du peu-
« ple. »

Cette tourbe d'hommes vains &
faux qui se disent vertueux, & qui
osent en arborer l'étendard, a soin
de se ménager des excuses pour
toutes les injustices & pour toutes
les perfidies qu'ils projettent &
qu'ils commettent. Par une loi générale de la nature, l'honnêteté

N iij

intérieure arrête le mouvement de la cupidité vicieuse, comme l'eau éteint le feu. Ces partisans, ces prôneurs d'une fausse vertu, se comportent aujourd'hui comme un homme qui, voyant un chariot de fagots embrasé, apporteroit un verre d'eau pour l'éteindre, & qui, voyant que l'incendie n'est ni arrêté ni diminué, prétendroit que l'eau n'éteint point le feu ; car ils ont à peine rappellé à leur esprit les plus foibles idées de l'honnêteté pour domter leurs mauvaises cupidités, qu'ils s'y abandonnent, & disent, L'honnêteté intérieure ne peut résister aux desirs de l'homme : & ils n'ont pas plutôt établi ce funeste principe, que chaque jour ils commettent de plus grands

crimes fans répugnance & fans re-
mords, & par ce moyen anéan-
tiſſent dans leur cœur le ſentiment
& le ſens de l'honnêteté.

Il faut donc cultiver fans ceſſe
& avec beaucoup de ſoin l'honnêteté infuſe par le ciel dans nos
cœurs, afin qu'elle croiſſe, mû-
riſſe & porte des fruits. Mais il y
a un art de cultiver l'honnêteté,
& cet art a ſes principes. La mé-
chanique, & tous les arts qu'elle a
enfantés, ont leurs principes fixes,
& dont on ne peut s'écarter. La
ſcience de la vertu, la plus noble
de toutes les ſciences, ſeroit-elle
ſeule fans principes ?

## CHAPITRE VI.

Pendant les guerres civiles, les idées de la vraie honnêteté s'étoient fort obscurcies, & beaucoup confondoient la droite honnêteté du cœur avec les desirs dépravés des sens. Un sophiste demanda à Vo-Liu, disciple de Memcius :

Que croyez-vous que l'on doive priser davantage de l'honnêteté ou des aliments ?

L'honnêteté, dît Vo-Liu.

Que croyez-vous que l'on doive priser davantage de la volupté ou de l'honnêteté ?

L'honnêteté, répondit Vo-Liu.

Cela posé, dit le sophiste, sup

poſons un homme réduit à une extrême pauvreté : il ne peut trouver
de ſubſiſtance en ſuivant les regles
de l'honnêteté preſcrites dans le
commerce de la vie, & il en trouvera s'il renonce à cette honnêteté ;
faut-il qu'il meure plutôt que de
violer ces regles ?

Suppoſons un autre homme ſi
pauvre, qu'il n'ait pas ce qui eſt né-
ceſſaire pour faire les frais des cérémonies que les loix de l'honnêteté preſcrivent lorſque l'on épouſe
une femme, il ne peut donc ſe marier ſans violer l'honnêteté preſ-
crite par les rites ; cet homme ne
peut donc ſe marier, ſelon vos
principes.

Vo - Liu , embarraſsé par ces

queſtions, alla voir Memcius, & lui en demanda la ſolution.

Lorſqu'on fait une comparaiſon, dit Memcius, il faut comparer entre elles les choſes de la même eſpece. Un homme, par exemple, qui voudroit juger de la grandeur reſpective de deux corps, & qui ne compareroit qu'une de leurs extrémités, pourroit juger qu'un poteau d'un pouce, qui eſt ſur une élévation, eſt auſsi long que les poutres qui ſoutiennent les plus grands édifices. Ainſi, quoique l'or ſoit plus peſant que la plume, vous ne prétendrez cependant pas que le crochet d'or qui attache une ceinture ſoit auſsi lourd qu'un chariot de plume.

Le sophiste, dans les questions qu'il vous a faites, compare ce qu'il y a de plus important dans la recherche des aliments, savoir de conserver la vie, avec ce qu'il y a de moins important dans les regles de l'urbanité & de la politesse. Certainement la nécessité de conserver sa vie l'emporte sur ce qu'il y a de moins important dans les loix des rites pour l'honnêteté dans le commerce de la vie. De même il compare ce qu'il y a de plus important dans la volupté, savoir l'union conjugale pour avoir de la postérité, avec ce qu'il y a de moins important dans les rites de l'honnêteté par rapport au mariage, savoir les cérémonies & les dépenses que l'on doit faire pour le mariage.

Retournez vers votre sophiste, & proposez-lui ces questions : Un homme est réduit à la plus extrême pauvreté & sur le point de mourir de faim ; il peut cependant éviter la mort, si, méprisant les loix de l'honnêteté, il coupe le bras de son frere pour le manger, & il va mourir de faim s'il ne veut pas couper le bras de son frere & le manger : doit-il, sans égard aux loix de l'honnêteté, couper le bras de son frere pour éviter de mourir de faim ?

Dites-lui ensuite : Supposons un homme réduit à une telle pauvreté, qu'il ne peut faire les dépenses prescrites par les rites dans les mariages ; mais il peut, en escaladant le mur qui le sépare de son voisin,

enlever ſa fille & en faire ſa femme : peut-il avoir recours à ce
moyen pour ſe marier, & violer ce
que les loix de l'honnêteté preſcrivent pour le mariage? Allez lui
propoſer ces queſtions, & preſsez-
le de vous en donner la ſolution.

Kiao, frere cadet du roi de Tſou,
vint voir Memcius, & lui parla
ainſi : J'entends dire tous les jours
une choſe qui m'étonne, c'eſt qu'il
n'y a point d'homme qui ne puiſse
égaler en vertu Yao & Chun; cela
eſt-il vrai?

Oui, répondit Memcius; faites
ce qu'ils ont fait, évitez ce qu'ils
ont évité, & vous ferez bientôt un
autre Yao & un autre Chun. Si l'on
n'imite pas ces héros, c'eſt parce-

*Tome II.*         O

qu'on ne le veut pas, & non parcequ'on ne le peut pas.

On dit de celui qui, dans le
chemin, suit modestement ses anciens qui le précedent, qu'il est
modeste, & de celui qui les de-
vance, qu'il manque de respect
pour eux. Il n'y a point d'homme qui ne puisse retarder sa marche ; mais on en voit peu qui le
veulent. Or la perfection qui a il-
lustré Yao & Chun consiste principalement dans le respect pour leurs
parents & pour leurs anciens. Quelle
difficulté y a-t-il donc à les imiter ?

Prince, si vous voulez imiter
Yao, habillez-vous comme lui,
parlez comme lui, agissez comme

lui, & vous ferez bientôt un autre
Yao ; au contraire, fi vous vous
habillez comme Kié, fi vous parlez
comme lui, fi vous agifsez comme
lui, vous ferez un autre Kié.

Kiao parut frappé des réflexions
de Memcius. Permettez, lui dit-il,
que je profite de vos inftrućtions ;
je me propofe pour cela de me fi-
xer pendant quelque temps auprès
de vous : je n'ai pas moins de plaifir à vous entendre qu'à voir le roi
de Tfou.

Memcius fentit la faufseté de ce
difcours flatteur, &, pour éloigner
poliment Kiao, lui dit : Le chemin
de la vertu eft comme un chemin
public, il n'y a perfonne qui l'i-
gnore ; pourquoi penfez-vous qu'on
ne le trouve qu'ici ? Il eft vrai que

beaucoup de personnes, aveuglées par leurs passions, l'ignorent; mais vous avez plus de lumieres qu'il n'en faut pour le trouver & pour ne pas vous en écarter dans tous les devoirs qui ont rapport aux parents, aux supérieurs & aux anciens. Le prince se retira.

Alors Memcius dit : Je rencontrai dernièrement le docteur Sum-Kem ; je lui demandai où il alloit. J'ai appris, dit-il, que les rois de Tsou & de Cin se disposoient à se faire la guerre, je voudrois les en détourner.

Me seroit-il permis de vous demander quelles raisons vous emploierez pour les dissuader de se faire la guerre ?

Je leur ferai voir, répondit Sum-

Kem , que la guerre, loin de leur être utile , leur fera beaucoup de tort.

Votre deſsein eſt beau, lui dis-je; mais je crains bien que le moyen que vous vous propoſez d'employer ne produiſe un effet contraire à celui que vous eſpérez.

Suppoſons que le grand mot d'utilité en impoſe aux deux rois, & que, déterminés par les vues d'utilité que vous leur propoſez, ils licencient leurs armées ; les chefs & les ſoldats mettront les armes bas avec plaiſir, parcequ'ils verront que la paix leur eſt utile. Mais lorſque vous aurez pour ainſi dire élevé dans ces royaumes l'étendard de l'utilité, alors tous agiront pour leur utilité; les généraux & les magiſtrats dans leur obéiſsance au roi, les enfants dans leur reſpect envers leurs parents, ne ſe propoſeront que leur utilité, & n'auront ni candeur ni ſincérité; le roi & le ſujet, le pere & le fils, le frere aîné & le frere cadet, n'ayant pour motif & pour fin que leur utilité, toute piété, toute honnêteté, toute équité, ſeront bannies : on n'aura pas plutôt apperçu la poſſibilité de quelque gain ou de quelque profit, que chacun fera tous ſes efforts pour s'en emparer ; & s'il en eſt fruſtré, il éclatera en plaintes & en reproches : de là les diſſentions, les haines, les fureurs, les meurtres, le carnage. La peſte n'eſt pas plus funeſte dans un état que la politique ou la morale qui veut que l'homme, dans le commerce de la société, n'agiſse que pour ſon utilité ; & il eſt impoſsible qu'un royaume où cette doctrine regne ne périſse pas.

Si donc vous voulez procurer la paix & la tranquillité de ces deux royaumes, parlez, non d'utilité, mais de piété & d'équité. Faites en ſorte que les rois de Cin & de Tſou vous écoutent volontiers lorſque vous leur parlerez de la piété & de l'équité, & qu'épris de leur beauté ils licencient leurs armées ; alors les chefs & les ſoldats, informés des motifs de leurs rois, mettront bas les armes avec plaiſir, &, comme les rois, ſeront charmés de la beauté de la piété & de l'équité lorſqu'ils la connoîtront.

Lorfqu'une fois vous aurez élevé dans ces royaumes l'étendard de la piété & de l'équité, alors la piété & l'équité feront les principes de toutes leurs actions ; alors les généraux & les foldats dans le fervice du roi, les enfants dans l'obéifsance pour leurs parents, les freres cadets dans le refpect pour leurs aînés, ne confulteront que la piété & l'équité. Lorfque la piété & l'équité, bannifsant toute cupidité vicieufe d'utilité, régneront entre le roi & le fujet, entre le pere & le fils, entre le frere aîné & le frere cadet, on verra fleurir par-tout la concorde, l'amour, la fidélité, la vérité, la fubordination, & un defir général & actif de fe rendre des foins & des fervices continuels. De tous les princes qui ont gouverné leurs états fur ces maximes, & fait régner la piété & l'équité entre les citoyens, vous n'en trouverez aucun qui n'ait pas dominé fur tout l'empire : à quoi bon donc leur parler d'utilité & d'intérêt ?

Memcius, pénétré de douleur de ce que l'art de gouverner étoit négligé & prefque bouleverfé, difoit : Perfonne n'a jamais mieux gouverné que Yu, Chin-Tam, Ven-Vam & fon fils Vu-Vam, fondateurs des dynafties Hia, Xam & Cheu. Après eux s'éleverent cinq archontes, qui, fous prétexte de rétablir la paix dans l'empire, altérerent, par la voie des armes & par la violence, toute l'ancienne adminiftration, & par conféquent péchèrent grièvement contre les anciens empereurs : mais aujourd'hui les rois pechent contre les archontes, dont ils négligent les réglements ; & les premiers préfets du royaume pechent encore plus grièvement contre leurs rois, & ont ajouté un nouveau degré de dépravation à la perverſité, puiſque par leurs flatteries & par leurs baſſeſſes ils font commettre aux rois des choſes dont l'idée ſeule leur faiſoit horreur.

Lorſque l'art de bien gouverner étoit floriſsant & en vigueur, les anciens empereurs viſitoient tous les ans les douze rois, & cette viſite ſe nommoit l'examen & l'inſpection de la terre qu'on leur avoit confiée. Tous les ſix ans chacun

des rois fe rendoit à la cour impériale , & cela s'appelloit rendre
compte du royaume qui avoit été
confié. Enfuite l'empereur dans
fon diftrict impérial , & les rois
dans leurs royaumes, alloient tous
les printemps examiner l'état de l'a-
griculture, ce qui étoit enfemencé,
& ce qui reftoit à enfemencer ; ils
tiroient des greniers publics tout
ce qui manquoit aux laboureurs
pour labourer ou pour enfemencer :
tous les automnes ils alloient examiner les fruits & les moifsons ; &
fi la récolte étoit mauvaife , ils fup-
pléoient par les greniers publics à
tout ce qui manquoit à la fubfiftance des peuples.

Si l'empereur, en entrant dans
un royaume, voyoit que l'on avoit

cultivé ou fécondé des terres incultes ou stériles, que les vieillards
décrépits étoient bien nourris, les
sages honorés, que les hommes
éclairés & habiles remplissoient les
charges & les dignités, alors il fé-
licitoit le roi, lui décernoit des ré-
compenses & augmentoit son territoire; mais s'il voyoit des cam-
pagnes incultes & négligées, des
terrains se couvrir de bois & les
vieillards dans l'indigence, les sages dans l'oubli, les avides exac-
teurs des tributs & les impitoyables
vexateurs du peuple élevés aux dignités & aux charges, alors il faisoit au roi les plus vives répriman-
des & les plus terribles menaces.

Si un roi manquoit à se trouver
à la cour au temps prescrit pour y

rendre compte de son adminiſtration & de ſon royaume, on l'abaiſ-
ſoit d'un degré ; par exemple, s'il
étoit roi-duc , il devenoit roi-
prince ; la ſeconde fois on retran-
choit de ſes revenus annuels , &
l'on diminuoit ſon territoire ; la
troiſieme fois l'empereur envoyoit
contre lui une armée, & ſon royaume étoit donné à un autre ; ſouvent même les empereurs char-
geoient les rois de punir les rebelles.

Pour punir les rois rebelles , les
cinq archontes ſe ſont ligués contre
eux de leur propre mouvement ;
& c'eſt pour cela que j'ai dit qu'ils
avoient péché grièvement contre
les belles loix portées par les em-

pereurs des trois premieres dynafties.

Je vais préfentement vous expli-
quer comment les rois de notre
temps pechent contre les archontes.
Von-Kum, le premier & le plus illuftre de ces archontes, tint une
afsemblée générale des rois dans le
royaume de Cy, monta fur une
élévation, attacha une victime au
poteau, &, fans l'immoler & fans
oindre de fon fang le front des confédérés comme il étoit d'ufage, il
mit fur fa tête le traité d'alliance
que les confédérés alloient contracter, & lut aux afsiftants les articles
fuivants.

1°. On punira de mort les enfants qui manqueront aux devoirs

de la piété filiale ; on ne pourra préférer le fils d'une concubine au fils légitime pour succéder au royaume, & l'on ne pourra substituer une concubine à une femme légitime.

2°. On honorera singulièrement les sages, & l'on accordera des pensions suffisantes pour leur subsistance aux hommes capables & habiles, afin que ceux qui se distinguent par leur vertu & par leurs talents soient connus & jouissent de la réputation qu'ils méritent.

3°. On respectera les vieillards; l'on élevera les enfants avec une bonté attentive & compatissante; on ne méprisera ni les étrangers ni les voyageurs ; on les recevra avec bonté, & on les traitera avec honneur.

4°. On accordera une pension héréditaire à ceux qui auront rendu de grands services à la république ; mais leurs dignités ne pourront être héréditaires. On ne confondra point les offices de magistrature, & l'on ne donnera point plusieurs charges à un seul homme. Lorsqu'il s'agira de choisir des ministres, on ne négligera rien pour mettre en place les hommes les plus capables & les plus dignes ; & si un premier ministre commet un crime digne de mort, aucun roi ne pourra le faire mourir de son propre mouvement & sans les ordres de l'empereur.

5°. Dans les temps de sécheresse ou de pluies excessives, personne ne pourra faire des digues pour détourner les eaux, &, ne confultant que fon intérêt perfonnel, nuire aux autres & caufer beaucoup de dommages. Lorfqu'un royaume aura été affligé de ftérilité, les royaumes voifins ne pourront empêcher d'y porter du grain & ce qui fera nécefsaire pour le foulager. Aucun roi ne pourra céder fon royaume en entier ou en partie fans un exprès confentement de l'empereur.

. Voilà le traité fédératif des archontes : combien les rois de nos jours s'en font écartés !

Certainement c'eft une grande faute que de difsimuler à un prince fes torts & fes forfaits ; mais c'eft le plus grand & le plus exécrable des crimes que de porter l'efprit du prince au vice & au crime. Comme aujourd'hui les principaux minis-tres portent l'esprit des rois au cri-me, j'ai donc eu raison de dire qu'ils pechent grièvement contre leurs princes.

Le roi de Lu vouloit faire la guerre au roi de Cy, & donner à son premier ministre Xin-Tsu le commandement de son armée. Memcius, l'ayant appris, alla sur-le-champ trouver le premier mi-nistre, & lui dit : Celui qui, négli-geant de faire instruire ses peuples des principes & des loix de l'honnê-teté & de l'équité, leur fait pren-dre subitement les armes, & les envoie en désordre faire la guerre, ne les envoie-t-il pas à la mort & au carnage ? Or du temps d'Yao &

de Chun on ne souffroit pas que personne attirât sur les peuples la misere & la mort; jamais ce crime n'étoit impuni. Supposons, si vous le voulez, que vos peuples & vos soldats ne souffrent aucun dommage dans la guerre que vous méditez, & qu'au premier choc l'armée du roi de Cy, mise en déroute, vous abandonne le royaume; cette guerre est-elle permise ? & pouvez-vous légitimement en tirer quelque avantage, en ne consultant que la droite raison & l'équité ?

Le ministre à ce discours changea de visage, & dit à Memcius avec un air courroucé : Je me sais, & je voudrois bien que vous me fissiez voir pourquoi cette guerre n'est pas permise.

. Le voici , dit Mencius. Les anciens législateurs , conformément aux principes de l'équité , firent les réglements fuivants. Ils attribuerent à l'empereur mille ftades , parceque cette étendue étoit néceffaire pour qu'il pût tirer la fomme de tributs qu'exigeoient fes dépenfes indifpenfables ; par les mêmes raifons on affigna aux rois cent ftades , ni plus ni moins.

Bien plus , fous l'empire de Vu-Vam , ces deux illuftres héros , Cheu - Kum & Bay - Kum , qui avoient rendu de grands fervices à l'empire , n'obtinrent point de domaines plus étendus. Le premier eut le royaume de Lu, & le fecond le royaume de Cy, chacun de cent ftades ; ils n'en defirerent pas davantage, & leurs revenus fuffifoient à leurs dépenfes.

Mais dans la fuite les rois, dominés & entraînés par l'ambition & par la cupidité, ont attaqué les royaumes moins puifsants; &, au mépris des loix de l'empire, le royaume de Lu eft quatre ou cinq fois plus grand qu'à fa fondation. Si donc il s'élevoit un empereur qui voulût fermement rétablir l'art de bien gouverner & faire revivre les belles loix des empereurs, n'ôteroit-il pas au roi de Lu une partie de fes domaines au lieu de les agrandir?

Vous voyez donc qu'un roi ne peut à fon gré augmenter fon royaume; & quand il feroit poffible au roi de Lu d'acquérir fans violence, & même quand on lui offriroit le territoire de Nam-Yam, il ne pourroit ni le prendre ni le recevoir sans violer les loix de l'équité & de l'honnêteté. C'est à vous de prévenir ce désordre; car un sage qui est ministre d'un roi doit faire tous ses efforts pour que son prince ne forme aucun projet contraire à l'équité & à l'honnêteté, & pour le faire rentrer dans le chemin de la vertu s'il s'en est écarté.

Mais aujourd'hui l'on pense bien différemment. Si un de ces ministres dit au roi, Il y a dans telle contrée des terres incultes & stériles, je peux par mes soins les rendre fertiles, & par ce moyen faire entrer de grandes sommes dans votre tréfor; auſlitôt on admire, on loue par-tout, comme le modele des miniſtres, cet homme vain & préſomptueux qui autrefois auroit excité l'indignation & l'horreur de tout le monde comme le brigand & la peſte de ſa patrie : car lorſqu'un miniſtre veut enrichir un prince ſans piété & ſans équité, on dit qu'il veut enrichir un autre exécrable Kié.

Un autre dit préſomptueuſement : Sire, je peux vous concilier l'amitié de tous vos voiſins, vous les attacher par une ligue offenſive & défenſive, & vous répondre de la victoire ſi vous faites la guerre. On regarde aujourd'hui comme un fidele, comme un excellent miniſtre, ce ſuffiſant qu'on auroit autrefois abhorré comme une peste & comme un trigaud; car si un ministre veut rendre plus puissant un roi sans équité & sans honnêteté, on dit qu'il veut augmenter les forces de l'impitoyable Kié.

Ainsi quand vous donneriez tout l'empire à un seul prince; si, conformément à l'administration actuelle, il ne s'applique point à corriger les mœurs, il n'en jouira pas en sûreté un seul jour, car il pourra à chaque instant s'élever un prince sage qui lui fera tomber le sceptre des mains au moment où il y pensera le moins.

Alors le vieillard Pé-Quéi dit à Memcius: Si vous croyez qu'il est honteux de former des projets pour enrichir le prince, que penseriez-vous

vous de celui qui voudroit n'exiger que le vingtieme pour tribut ?

Cette impofition, dit Memcius, me paroît trop médiocre & convenir tout au plus à la pauvreté des peuples du nord. Dites-moi, je vous prie, fi dans une capitale compofée de dix mille maifons vous croyez qu'il fuffiroit d'établir un feul ouvrier qui fît les vafes dont on a befoin.

Non fans doute, répondit le vieillard, car il ne pourroit fournir à une auffi grande multitude les vafes qui lui font néceffaires.

Fort bien, dit Memcius. Le territoire du nord, plus froid que le nôtre, ne produit qu'une efpece de millet médiocre qui peut feule réuffir au froid, & fur lequel il eft très difficile d'impofer un tribut : d'ailleurs ils n'ont ni villes, ni faux-bourgs, ni palais, ni maifons, ni fêtes pour les morts ; les princes ne s'y rendent point mutuellement de vifites & ne fe font point de préfents ; ils n'ont ni repas de fa-mille ni feftins pour les morts, ni banquets ; ils n'ont point une mul-titude de miniftres & d'officiers. Ainfi, chez ces nations, les princes font obligés à beaucoup moins de dépenfe, & le vingtieme du revenu leur fuffit.

Mais fi un prince vouloit intro-duire à la Chine cette efpece d'é-conomie, il bouleverferoit aufsitôt le bel ordre focial que les fages lé-gislateurs y ont établi, & qui de-mande des dépenfes auxquelles fon revenu ne suffiroit pas. Toutes les loix qui concernent la discipline publique, l'honnêteté, les rites, s'anéantiroient, & l'on ne verroit plus de sages capables de remplir les dignités avec honneur. Comment donc un royaume pourroit-il être bien gouverné, si, comme vous le reconnoissez, c'est pour une métropole un embarras fâcheux que de ne posséder qu'un ouvrier capable de faire les vases nécessaires à tous les usages de la vie? A quel état la Chine seroit-elle réduite si l'on n'y trouvoit pas un sage dont le secours est infiniment plus nécessaire pour le gouvernement des peuples que l'industrie du potier?

Nous retomberons donc dans

l’état des nations du nord , si l’on veut lever un tribut moindre que la dixieme partie des productions de la terre, imposé par Yao & Chun ; mais si vous voulez en imposer un plus fort, alors vous ramenerez l’ancienne tyrannie de Kié.

Mais, dit le vieillard, pourquoi s’attacher si scrupuleusement aux réglemens des anciens ? auroient-ils donc seuls en partage les talens & le génie ? Je ne suis pas un homme supérieur, & cependant il me semble que j’ai surpassé l’empereur Yu dans les moyens d’arrêter les inondations.

Vous vous exagérez infiniment vos succès, lui dit Memcius. Le prince Yu arrêta les inondations en donnant aux eaux un écoulement naturel ; les quatre mers furent les réservoirs dans lesquels il dirigea les eaux : & vous, en leur oppofant des digues, vous les avez forcées d'inonder les royaumes voifins. Ainfi le prince Yu fit cefser le déluge qui défoloit la Chine : & vous, vous n'avez point fait cefser le déluge ou l'inondation, vous l'avez feulement détourné ; vous avez caufé un déluge dans les royaumes voifins. Or le déluge ou l'inondation violente produit une infinité de maux, & il n'y a point d'homme droit & pieux qui n'en ait horreur : voilà pourquoi je difois que vous vous trompiez prodigieufement.

Un ancien proverbe porte que

rien n'eſt plus contraire à la vertu de la conſtance qu'un homme ſans ſagacité.

Le roi de Lu, inſtruit de la ſageſſe & de l'habileté de Lo-Chin-Tſu, voulut le charger de l'adminiſtration générale de ſon royaume; Memcius en fut tranſporté de joie.

Oſerois-je vous demander pourquoi cette nouvelle vous cauſe tant de joie ? lui dit Kum-Sun-Cheu : eſt-ce parceque mon condiſciple eſt courageux & conſtant, & pourra par conſéquent remplir dignement cette importante charge ?

Point du tout, dit Memcius.

N'eſt-ce point parcequ'il eſt prudent & vigilant ? ou eſt-ce parcequ'il ſait beaucoup ?

Non, dit Memcius, c'eft parce-qu'il aime la droiture.

Suffit-il d'aimer la droiture, dit le difciple, pour remplir un pofte de cette conféquence ?

L'amour de la droiture, répondit Memcius, fuffiroit pour gouverner l'empire, à plus forte raifon pour gouverner le royaume de Lu.

Lorfqu'un miniftre aime la droiture, il écoute avec plaifir les bons confeils, & les actions honnêtes le charment : alors non feulement fes amis & fes voifins, mais encore les hommes éclairés, viennent de toutes parts lui offrir leurs fervices, leurs lumieres, leurs talents ; fa réputation les attire pour ainfi dire à lui de toutes les parties de l'empire, comme on voit les fleuves se porter d'eux-mêmes vers la mer.

Au contraire, lorsqu'un ministre n'aime pas la droiture, lorsqu'arrogant & orgueilleux il méprise & dédaigne les autres hommes aussi bien que les sages conseils & les instructions utiles qu'on lui donne, sa réputation s'étend rapidement; & les honnêtes gens, les sages, se disent à eux-mêmes : Cet insolent est ennemi de tout conseil & méprise tous les hommes; on ne lui a pas plutôt ouvert un avis, qu'il vous dit fastueusement, Je sais très bien tout cela : à quoi bon donc s'approcher de lui ? Ainsi l'arrogance de son ton, de ses propos, de ses regards, met en fuite les honnêtes gens & les sages qui pourroient l'é-

clairer, le conseiller & le servir. Or
lorsqu'une fois les hommes de bien
& les sages s'éloignent d'un ministre, il est aussitôt environné
d'une foule de petits hommes écer-
velés, envieux, jaloux d'être ses
lâches délateurs ; il ne voit qu'eux,
ne vit qu'avec eux, & par conséquent ne reçoit jamais un conseil
sage, n'entend jamais une conver-
sation raisonnable, ne voit jamais
une action honnête : le désordre
ne tarde pas à pénétrer dans toutes les parties de l'administration ;
les peuples se plaignent, & enfin le
tumulte & la sédition éclatent.
Quelles sont les ressources de ce
ministre pour rétablir la paix & la
subordination ?

Un autre disciple de Memcius

lui demanda comment autrefois les sages se conduisoient, soit pour accepter, soit pour abdiquer les charges.

Trois choses les déterminoient à l'un ou à l'autre, dit Memcius.

Premièrement, lorsqu'un sage trouvoit un prince qui le traitoit avec humanité & avec les égards qui lui étoient dus, & qui lui déclaroit qu'il vouloit profiter de ses lumieres & suivre ses conseils, alors il acceptoit la charge que ce prince lui offroit; mais si dans la suite ce prince manquoit à ses promesses, s'il ne vouloit suivre aucun de ses avis, il abdiquoit le ministere, quelque bien que le prince le traitât, & quelques égards qu'il eût pour lui.

Secondement, ſi le prince, dans la premiere entrevue, ne promettoit pas de ſuivre le conſeil du ſage, & qu'il le traitât cependant avec humanité & avec les égards que l'honnêteté preſcrit, il acceptoit la charge, parcequ'il pouvoit eſpérer d'être utile : mais ſi dans la ſuite le prince le traitoit moins bien, ſi le ſage s'appercevoit qu'il étoit inconſtant ou incapable de rien de grand, alors il abdiquoit encore la charge.

Troiſièmement enfin, s'il arrivoit que le ſage ſe rendît auprès d'un prince qui ne lui donnât aucun emploi, & qui, après l'avoir laiſſé languir dans l'indigence, dît : Ce ſage avoit peut-être eſpéré que je lui donnerois quelque charge où

il pût enseigner & faire usage de
sa doctrine sur l'art de gouverner ;
mais je ne peux ni réduire en pratique ses principes de gouvernement ni suivre ses conseils : je ne
veux cependant pas le laisser mourir de faim ; mais tout ce que je
peux faire, c'est de lui donner une
pension : le sage croyoit pouvoir
l'accepter comme l'honoraire d'une
charge ; mais il ne recevoit que ce
qui étoit nécessaire pour subsister,
& le remettoit aussitôt qu'il étoit
affranchi de l'extrême pauvreté.

Que la conduite du ciel sur les
sages & sur les héros est admira-
ble ! Chun, cet illustre empereur,
a été tiré par Yao de la charrue
pour monter sur le trône. Le sage
Kiao-Ké-Fuyuee, ministre de l'em-

pereur Kao-Tfum, alla chercher
à la campagne, parmi les maçons
& les charpentiers, Fuyen pour l'é-
lever à la premiere dignité de la
cour. Kiao-Ké de cabaretier devint chef des confeils de Ven-Vam.
Ven-Kum confia le premier miniftere à un particulier qu'il tira de la
prifon. Le fage Sun-Xu-Yao vivoit
retiré fur le bord d'une mer incon-
nue lorfque Chuan, roi de Tfou,
le fit fon premier miniftre Ce
prince fe fit une réputation écla-
tante en fuivant les confeils de ce
fage. Enfin Pé-Li-Ki n'étoit qu'un
petit marchand, & cependant le roi
de Cin lui conféra la premiere dignité de fa cour; & le roi Mo-
Kum profita fi bien de fes confeils,

*Tome II.*                    R

qu'il devint le chef & le premier
des rois.

Ainsi, lorsque le ciel destine un
homme à une grande place, & qui
demande beaucoup de vertu, ordinairement il éveille pour ainsi
dire & développe les facultés & les
talents de son esprit par le soin,
par l'inquiétude, par l'anxiété; il
fortifie, endurcit & prépare son
corps à la douleur par les travaux,
par la faim, par la pauvreté; il
l'instruit par les contradictions, par
les obstacles & par le malheur.
Ainsi préparé, le sage éleve & af-
fermit sa vertu dans les assauts que
lui livre l'adversité; le chagrin &
les peines de l'esprit lui font faire
de nouveaux efforts pour perfectionner sa piété, son équité, son

honnêteté, sa prudence; le travail,
le fatigue, la douleur du corps ar-
me son ame de la patience; & elle
se manifeste dans son geste, dans
ses regards, dans ses paroles, dans
sa maniere de se nourrir; de jour
en jour il suit avec plus de soin &
de succès ses entreprises, & devient
capable d'en former & d'en exécu-
ter qui d'abord étoient au-dessus
de ses forces & de son habileté.

Quelquefois le ciel se plaît à former à la vertu des hommes ordinaires par des épreuves à peu près
semblables.

C'est aussi ce que l'on voit arriver dans le gouvernement des
royaumes. Si dans un royaume les
anciennes familles des grands n'ont
plus ni les lumieres ni la vertu mê-

cefsaires pour conferver la vigueur
des loix; fi le roi n'a plus de fages
miniftres afsez courageux pour l'a-
vertir de fes fautes, & afsez habiles
pour les lui faire réparer; fi le
royaume & le roi dans cet état
jouifsent d'une paix profonde &
n'ont rien à craindre des royaumes
voifins; alors le roi, environné
d'une foule de flatteurs, néglige le
foin de fon royaume, fe livre à l'oi-
fiveté & fe plonge dans les délices;
bientôt les peuples murmurent, les
féditions éclatent, fe multiplient,
font périr les rois & bouleverfent
les royaumes.

Ces obfervations conduifent à
une réflexion importante, favoir,
qu'afsez fouvent les peines, l'adverfité, les douleurs, conduifent

à une vie heureuſe, &, au contraire, la proſpérité, la diſsipation,
les délices, à une mort malheu-
reuſe.

---

## CHAPITRE VII.

CELUI qui peut exercer & cultiver avec toute l’application & tout
le ſoin poſsible la capacité de ſon
eſprit, connoît ſa nature & celle
des choſes ; or celui qui connoît
ſa nature & celle des choſes, connoît ce que c’eſt que le ciel : lorſqu’il eſt parvenu à cette connoiſsance, il faut qu’il garde ſon eſprit
& ſon cœur, & qu’il n’épuiſe pas
ſon activité à pourſuivre des choſes
vaines ; il faut qu’il ſuive les inſpi-

rations de la nature ou de la droite raison pour ne point faire d'actions nuisibles, & il ne faut point s'écarter de ces deux objets pour obéir au ciel & pour remplir ses desseins.

La longueur ou la briéveté de la vie ne trouble point celui qui connoît le ciel, dont il sait que les dispositions secretes ont invariablement fixé le nombre des jours de la vie humaine : il ne s'occupe donc qu'à régler ses mœurs pour pouvoir espérer une heureuse fin ; il s'efforce de mener une vie sans tache & sans reproche, conformément à la disposition du ciel, & c'est à ce seul objet qu'il réduit la prudence & la piété.

A ses yeux tous les événements heureux ou malheureux viennent du ciel ; & le sage n'envisage que la disposition du ciel dans tout ce qui lui arrive, afin de ne manquer jamais ni à la reconnoissance ni à la résignation qui lui font dues. Celui qui connoît le bel ordre des décrets du ciel n'entreprend rien imprudemment & n'ose rien témérairement ; il ne va pas, par exemple, se placer au pied d'un grand mur qui est près de tomber. Ainsi lorsqu'après avoir passé sa vie dans la justice & dans la piété, l'homme meurt paisiblement, il se conforme à l'ordre & à la disposition du ciel ; mais il les viole & les trouble, lorsqu'après une vie criminelle il meurt dans les chaînes & dans les fers.

Il est si facile d'acquérir la piété, la justice, l'honnêteté, la prudence, que je fuis toujours étonné qu'elles foient fi négligées : on les acquiert aufsitôt qu'on le veut ; il eft vrai aufsi qu'on les perd aufsitôt qu'on les néglige : mais puifqu'il dépend de l'homme de les chercher, n'eft-il donc pas plus facile, & infiniment plus utile, de les chercher que de les négliger ?

Il eft au contraire très difficile de parvenir aux honneurs & aux richefses, parcequ'étant hors de nous, il ne dépend pas de nous de nous les donner.

Puifque notre efprit peut connoître la nature des chofes, il ne doit confulter que lui-même, aimer & faire ce que la droite raifon lui prefcrit d'aimer ou de faire ; & certainement il n'y a point de vo-

lupté qui approche de cette satisfaction.

Le moyen le plus sûr pour acquérir cette vraie science de toute
l'honnêteté, c'est de faire tous ses
efforts pour se mesurer sur les autres. Beaucoup de gens ignorent
aujourd'hui cette science de la vraie
honnêteté, parcequ'ils ne réfléchifsent point fur les caufes des
chofes : ils ne peuvent connoître
les vraies regles qu'ils doivent suivre dans la vie ordinaire & journaliere. Le nombre de ces hommes est
infini aujourd'hui : puifsent - ils
avoir honte de leur vie !

Il n'y a en effet rien de plus esti-
mable & de plus précieux dans
l'homme que la pudeur & la honte :
mais ces petits hommes artificieux

s'applaudissent de leurs fourberies, & regardent comme des prodiges d'habileté de basses intrigues qui feroient rougir quiconque conserve quelque sentiment d'honnêteté : dépourvus de tout sentiment de pudeur, que leur reste-t-il d'humain ? & doit-on les regarder comme des hommes ?

Memcius voyant un homme qui parcouroit les cours pour y enseigner la sagesse, lui dit : Je veux vous apprendre de quelle maniere vous devez en user avec les princes que vous visitez : il ne faut pas faire dépendre votre tranquillité du succès de vos instructions ; soit que les princes écoutent vos leçons & en profitent, soit qu'ils ne les suivent pas & qu'ils les dédaignent,

il faut que, toujours semblable à
vous-même, vous conserviez une
agréable tranquillité d'ame.

Cela me paroît difficile, répondit le docteur : dites-moi, je vous
prie, comment je pourrai arriver à
cette inaltérable sérénité.

Il faut, répondit Memcius, pratiquer la vertu, aimer l'équité. Le
sage, au milieu de la pauvreté, ne
s'écarte point du chemin de l'équité ; constitué en dignité, il ne s'é-
carte point des principes du bon
gouvernement, & les peuples attendent de lui leur félicité. C'est
ainsi que les anciens sages, lorsf-
qu'ils étoient en charge, com-
bloient les peuples de bonheur ; ré-
duits à la vie privée, ils s'occu-
poient à régler leurs mœurs, & la

réputation de leur vertu se répandoit dans tout l'empire. Ainsi, uniquement occupés à régler leurs mœurs, soit dans la vie privée, soit dans les dignités, ils ne cessoient de travailler au progrès de la vertu dans l'empire.

Quoique les préceptes fassent connoître le chemin de la vertu, gardez-vous bien d'en conclure que l'homme ne puisse être vertueux sans les avoir appris. Il y a des hommes doués d'une habileté & d'une sagacité éminentes qui s'élevent d'eux-mêmes à la vertu, quoiqu'ils n'aient jamais appris les préceptes de Ven-Vam. Imaginez un homme qui, d'une condition inférieure, s'éleve aux plus grandes dignités & à la plus haute réputation, & qui, au milieu du faste & de la gloire qui l'environnent, se voit lui-même comme n'ayant acquis ni honneurs ni richesses: croyez-vous que cet homme n'ait pas une excellence qui l'éleve au-dessus des autres?

Lorsqu'un prince aime la vertu & qu'il la pratique, on n'entend jamais ni murmures ni plaintes de la part du peuple: s'il en exige un travail pénible & fatigant, soit pour la culture de la terre, soit pour la construction des édifices, ils lui obéiront sans peine; & s'il leur dit d'aller à la guerre & de combattre, ils n'auront pas le plus léger ressentiment contre lui en mourant pour lui obéir.

Un prince sage pourvoit avec

tant de facilité aux befoins des peuples, qu'ils s'apperçoivent à peine de fes bienfaits; & il les attire fi doucement à la vertu, qu'ils y vont fans fentir l'action de la caufe qui les entraîne.

L'exemple de la piété pénetre bien plus profondément dans les efprits que les paroles de piété, & les préceptes de la vertu foumettent les peuples bien plus facilement que les loix: car les peuples craignent les loix, mais ils aiment les préceptes de la vertu; les loix leur arrachent leurs richeffes, & les préceptes de la vertu attirent leur cœur.

On attribue à une inclination ou à une volonté naturelle ce que l'homme fait fans l'avoir appris &

ſans le ſecours de l'art ; & l'on regarde comme une connoiſsance naturelle celle que l'on acquiert ſans
étude & ſans méditation. Il n'y a,
par exemple, point d'enfant qui ne
puiſse aimer ſon pere ou ſa mere ;
il n'y en a point qui, devenu un
peu plus grand, ne ſache reſpecter
ſes freres aînés. L'amour envers le
pere & la mere eſt la piété ; le reſpect pour les freres aînés eſt l'équité. Or la piété & l'équité ſont naturelles à l'homme : il connoît donc
naturellement qu'il doit aimer ſon
pere & ſa mere, & reſpecter ſes freres aînés.

C'eſt parceque la nature a mis
dans le cœur de tous les hommes
l'amour de la vertu, que les exemples des vertus agiſsent ſi puiſsam-

ment fur eux & les attirent fi fortement, comme on le voit dans le
prince Chun. Il étoit relégué dans
la vallée du mont *Lié* ; fon occu-
pation étoit de tailler des pierres &
de couper du bois ; fa fociété étoit
des cerfs & des fangliers ; il diffé-
roit peu des laboureurs ignorants
& grofsiers qui habitoient cette
vallée : cependant il n'eut pas plutôt entendu parler de la vertu, on
ne lui en eut pas plutôt fait voir
des exemples, qu'il entra avec une
efpece d'impétuofité dans le chemin de la perfection, & ne le quitta
jamais.

Voulez-vous entrer & marcher
d'un pas ferme dans le chemin de
la vertu ? ne faites point ce que la
droite raifon prefcrit de ne point

faire, & ne defirez point ce qu'elle défend de defirer.

C'eft principalement dans l'adverfité que la fagacité & l'habileté s'exercent, fe développent & fe manifeftent. Perfonne ne veille plus attentivement fur fon cœur, perfonne ne prévoit mieux les maux, que les grands éloignés de la cour des rois, & les bâtards féparés de leurs peres comme des orphelins. Voilà pourquoi ils ont de la dextérité dans le maniement des affaires & de la fagacité dans les délibérations.

Parmi cette foule d'hommes qui remplifsent les cours des rois, j'en diftingue quatre efpeces. Il y en a qui, parvenus aux charges avec des peines infinies & par mille intrigues, n'ont en vûe que de plaire au roi par des formes ou des manieres agréables, par un faux enjouement, par les baſses flatteries qu'ils lui prodiguent lors même qu'il ſe trompe.

D'autres ne s'occupent nuit & jour qu'à procurer la tranquillité du royaume, & ils y travaillent avec autant d'ardeur que les premiers à ſe rendre agréables au roi. Voilà pourquoi l'on donne aux hommes de cette ſeconde claſse le nom de miniſtres protecteurs du pays & des grains.

Les hommes de la troiſieme claſse ſe nomment les hommes du ciel, parcequ'ils ne ſe propoſent que de ſuivre la loi du ciel Si un de ces hommes prévoit qu'il peut être utile à l'état & faire goûter aux peuples & au roi les vrais principes de la morale & du gouvernement, il accepte la charge; s'il voit qu'il ne peut produire cet effet, il s'éloigne de la cour, & mene une vie obscure & retirée.

Enfin il y en a auxquels on donne le nom de héros; ce font ceux dont la vie est si bien réglée, que leur exemple entraîne les rois & les peuples, & allume dans toutes les ames l'amour de la vertu.

Trois chofes principalement caufent de la joie au fage: 1°. la bonne fanté de fon pere & de fa mere, & l'union de fa famille: 2°. lorfqu'il leve les yeux vers le ciel, de ne trouver dans fon cœur rien qu'il puiffe fe reprocher; & lorfqu'il les porte vers les hommes, de ne voir rien dans sa conduite dont il puisse rougir : 3°. de pouvoir, par ses instructions & par son exemple, inspirer à tous les peuples de l'empire le desir de se perfectionner dans la vertu.

La possession de l'empire n'entre point, comme vous le voyez, dans la composition du bonheur du sage.

S'il desire un grand royaume, c'est pour pouvoir communiquer sa doctrine à un plus grand nombre d'hommes, & non pas pour posséder plus de domaines, ou pour commander à un plus grand nombre d'hommes.

S'il pouvoit se former un grand royaume au milieu de l'empire & se soumettre tous les peuples ren-

fermés entre les quatre mers, &
faire régner dans ses états la paix &
la vertu, il éprouveroit certainement une grande satisfaction; mais
cependant ce ne seroit point dans
ces avantages qu'il feroit consister
son bonheur parceque ce n'est point
le bonheur que la nature destine à
l'homme, mais dans la perfection
de la nature qu'il a reçue du ciel,
& qui est indépendante de tout ce
qui est extérieur à l'homme. Les
richesses, les honneurs, la puissance, n'ajoutent rien à la nature que
l'homme reçoit du ciel; la pauvreté, l'obscurité, ne lui ôtent rien.

Ainsi tandis que les hommes
vains & frivoles négligent & perdent la piété, l'équité, l'honnêteté,
qu'ils ont reçues du ciel, le sage les

cultive, les fortifie & leur fait pouf-
ser dans son cœur de profondes racines ; lorſqu'une fois ces vertus
font dominantes dans son cœur,
elles ſe produiſent pour ainſi dire au
dehors, & ſe rendent ſenſibles par
la douce ſérénité qui brille ſur ſon
viſage, par la modeſte gravité de
ſes épaules, par ſes geſtes & par ſa
démarche, enfin par tout ſon maintien, en ſorte que toutes les parties
de ſon corps ſemblent ſuivre l'impreſsion que leur donnent ces vertus.

Ven-Vam fut doué de toutes ces
vertus, & ce fut par elles qu'il éle-
va ſon royaume à la ſuprême puiſ-
ſance.

Les pois & le millet ne font pas
plus néceſsaires à la vie que le feu

& l'eau. Perfonne ne refufe de l'eau
& du feu à celui qui en a befoin,
parcequ'il eft bien fûr de n'en pas
manquer en les communiquant.
On communiqueroit avec la même
facilité les pois & le millet, fi l'on
ne craignoit pas, en les communiquant, de manquer de fubfiftance.
Il faut donc qu'un prince fage pro-
cure à fes peuples afsez de pois &
de millet pour ne pas craindre de
manquer de fubfiftance lorfqu'il
en donnera à ceux qui en auront
befoin, plus qu'ils ne craignent de
manquer de feu & d'eau lorfqu'ils
en donnent à celui qui en a befoin.

Alors les peuples, affranchis de
la mifere & de la nécefsité de paf-
fer leur vie à fe procurer les aliments les plus néceffaires, s'occu-

peront à cultiver les sentiments de piété & d'équité qu'ils ont reçus du ciel ; ils auront de l'horreur pour l'iniquité & pour l'inhumanité.

Confucius, du haut du mont *Tam-xam*, voyoit le royaume de Lu & le trouvoit petit ; du haut du mont *Tay-xam*, plus haut encore, il voyoit différentes provinces de l'empire, & l'empire lui paroissoit petit. Il en est ainsi du sage ; au degré d'élévation où il est, tous les biens lui semblent médiocres, hors la vertu.

Un homme qui voit la mer croit qu'à peine il y a de l'eau dans les fleuves ; celui qui a été admis dans l'école de Confucius ne voit que comme de petits ruisseaux les

doctrines

doctrines des autres, & daigne à peine en parler.

Lorsque vous contemplez le cours des eaux qui se pressent & se précipitent, vous jugez qu'elles viennent d'une source; de même lorsque vous considérez la lumiere que le soleil & la lune répandent sur tous les objets, & qu'elle pénetre les ouvertures les plus imperceptibles, vous jugez aussi que cette lumiere a une source : vous devez porter le même jugement lorsque vous voyez une haute sagesse; n'en doutez pas, elle a certainement un principe ou une cause.

Mais ne croyez pas que vous puissiez arriver à cet état aussitôt que vous le voudrez, & au premier effort.

*Tome II.*                    T

Voyez-vous comme ce ruisseau coule doucement, comme il ne s'avance que lentement vers la mer, & n'y arrive qu'après avoir rempli les fosses & les gouffres qu'il rencontre sur sa route ? voilà l'emblême du disciple de la sagesse ; il ne peut s'avancer dans la carriere où il est entré, & arriver à la fin qu'il se propose, qu'après avoir amassé peu à peu un grand nombre de vérités lumineuses qui donnent à ses mœurs toute la perfection dont elles sont capables, & impriment à toute sa vie le caractere de la décence.

Memcius disoit : Deux hommes s'éveillent au chant du coq : l'un, en se réveillant, ranime en lui tous les sentiments qui peuvent porter à la

vertu & à l'équité, & conferve tous
les jours cette difpofition; on peut
certainement le compter au nombre des difciples du très fage héros
Chun : l'autre au contraire, en s'é-
veillant, forme le projet d'amaffer
de l'argent à quelque prix que ce
foit, & ne s'occupe tous les mo-
ments du jour que de cet objet;
certainement on peut compter ce
dernier au nombre des difciples du
fameux brigand Ché.

Ainfi c'eft la premiere penfée du
matin qui a caufé toute la différence entre Chun & Ché. Le defir
de l'honnêteté a fait de Chun un
héros illuftre, & le defir d'un gain
honteux a fait de Ché un brigand
exécrable.

Qu'aujourd'hui l'on connoît mal

la vraie vertu ! L'horreur du mépris & de la pauvreté, la paſsion des richeſses & des honneurs, ſont les principales cauſes de l'aveuglement du cœur humain. Quelque nourriture que vous donniez à l'homme dévoré par la faim, il la trouvera bonne & ſavoureuſe ; quelque boiſson que vous donniez à l'homme brûlé par la ſoif, il la trouvera ſuave & agréable, parceque la faim & la ſoif ont ôté à ſon palais la faculté de diſcerner les ſaveurs. Le mépris & la pauvreté font ſur le cœur de l'homme le même effet par rapport aux richeſses & aux honneurs ; il trouve bons tous les moyens de les obtenir.

Je n'héſite donc pas à mettre beaucoup au - deſsus des autres

hommes celui qui, dans le mépris
& dans la pauvreté, a pu préserver
son cœur de la faim & de la soif
des honneurs & des richesses.

Dans la carriere de la vertu, ce
n'est pas tant le commencement que
la fin qu'il faut considérer : com-
mencer & ne pas finir, c'est n'avoir
rien fait. Celui qui s'applique à l'é-
tude de la vertu est semblable à
l'homme qui veut creuser un puits :
après avoir fouillé la terre jusqu'à
la profondeur de neuf perches, s'il
se lasse, s'il abandonne son travail,
il ne découvre pas la source qu'il
cherche, & tout ce qu'il a fait est
inutile. Il en est de même de celui
qui recherche la vertu, s'il abandonne son entreprise avant d'être
arrivé à la perfection.

Kun-Sun-Cheu, difciple de Memcius, lui dit : On lit dans le *Chouking* que le fameux miniftre Yn, voyant que l'empereur Tay-Kia dégénéroit de fon aïeul Chin-Tam, dit : « Je ne fuis pas accoutumé à « voir une conduite fi contraire à « l'honnêteté, à l'équité à la droite « raifon ; il eft de mon devoir de « m'oppofer à ce défordre. »

Aufsitôt il conduit Tay-Kia dans un palais fecret où étoit le maufolée de l'empereur Chin-Tam, & l'y renferme : tout le peuple applaudit à l'action du miniftre. L'empereur Tay-Kia, à la vue des cendres de fon aïeul, rentra en luimême, fe reprocha fa vie pafsée, détefta fes vices, ranima la piété que fes égarements avoient étouffée dans son cœur, & s'appliqua sans relâche à l'étude de la sagesse. Lorsque le ministre se fut afsuré de son changement, il le retira du palais & le conduisit sur le trône. Le peuple vit avec transport le prince remonter sur le trône, & rendu à la vertu.

Permettez-moi, d'après ce fait, de vous faire une question. Si un sage ministre servoit un prince déréglé, pourroit-il, sans injustice & sans impiété, le suspendre de ses fonctions royales?

Sans doute, dit Memcius, s'il a des intentions aufsi pures que le sage ministre Y-Yn; sans cela c'est un traître & un rebelle.

Le même disciple lui dit: On lit dans le livre des poésies que « celui

« qui ne travaille point ne doit
« point manger, parcequ'il est con-
« tre l'honnêteté de recevoir la
« nourriture sans travail. »

Comment concilier avec cette
maxime la conduite des sages,
qui, sans travail & sans emploi,
reçoivent de riches pensions du
prince ?

Le sage, lui dit Memcius, lorsqu'il est dans un royaume, donne
au roi des instructions, des conseils
& des exemples, qui tendent à procurer à l'état la tranquillité, l'abon-
dance & la gloire ; il donne aux enfants, aux freres, aux parents, aux
domestiques, des instructions & des
exemples qui peuvent faire régner
dans l'état l'amour & la soumission
pour les parents, le respect pour

les supérieurs, la candeur dans les ames & la vérité dans les discours. Quel travail plus important & plus noble pouvez-vous exiger de lui pour qu'il soit digne de la pension qu'il reçoit de la munificence royale ?

Il y a des cas fort embarrassants, dit le disciple, & sur lesquels il me paroît difficile qu'un sage prenne un parti. Supposons, par exemple, que, dans le temps que le juste Kao-Yao étoit premier président du tribunal de la justice sous le sage empereur Chun, le pere de cet empereur eût commis un homicide, qu'auroient dû faire alors l'empereur & son ministre ?

Le ministre auroit dû suivre les loix, dit Memcius.

Mais, reprit le difciple, Chun n'auroit-il pas empêché d'arrêter fon pere?

Comment, dit Memcius, auroit-il pu l'empêcher? n'eût-il pas été obligé d'obferver les loix tranf-mifes par les empereurs fes prédé-cefseurs?

Mais, dit le difciple, l'empe-reur auroit-il fouffert que fon pere fût mis à mort?

Non, répondit Memcius; l'em-pereur aimoit beaucoup plus fon pere que l'empire, & il auroit re-noncé à l'empire avec autant de fa-cilité qu'à une pantoufle de paille. Voici donc ce que je conjecture qu'il auroit fait; il auroit fouftrait fon pere furtivement, fe feroit en-fui avec lui, & l'auroit conduit fur le bord d'une mer éloignée dans un lieu inconnu, où il auroit pafsé très agréablement le refte de fa vie à remplir auprès de fon pere les devoirs de la piété filiale, fans regretter l'empire, & même fans y penfer.

Memcius rencontra le fils du roi de Cy avec un maintien & un air tout différent du maintien & de l'air de ceux qui l'accompagnoient; frappé de ce fpectacle, il dit comme en foupirant : Hélas ! quelle différence l'éducation & la condition produifent dans l'efprit & dans le cœur des hommes ! Ce prince, fi différent de ceux qui l'accompagnent, a-t-il reçu de la nature un corps & une ame femblables au corps & à l'ame des autres enfants ?

n'eft-il pas exactement, comme les autres, le fils d'un homme?

Le palais qu'il habite, le char qui le porte, les chevaux qui le traînent, les habits dont il eft vêtu, font à peu près comme ceux des autres hommes; & cependant fon air, fes manieres, fes fentiments, paroiffent abfolument diffembla- bles: d'où vient cette différence?

Du lieu même qu'il habite, du palais du roi.

La vertu, qui eft la maifon du fage, & où il habite comme le prince dans fon palais, ne doit-elle donc pas lui donner un maintien, un air, des manieres, des mœurs & des fentiments, différents des autres hommes?

Celui qui donne une nourriture

abondante au fage qu'il n'aime pas, le reçoit à peu près comme il recevroit un pourceau ; & celui qui l'aime & le nourrit fans le révérer, le traite à peu près comme fes chiens & fes chevaux.

Kun-Sun-Cheu, perfuadé que la morale de Memcius étoit trop fublime & trop difficile, lui dit : La route que vous nous tracez pour nous conduire à la vertu eft très belle & très sûre ; mais elle eft fi fublime & fi élevée, que perfonne n'ofe efpérer d'y atteindre : que ne la rendez-vous plus facile, ou du moins accefsible ? vous verriez alors le nombre de vos difciples croître chaque jour.

Lorfque la vertu & la difcipline font en vigueur dans l'empire, dit

Memcius, le sage accepte une charge & conforme ses mœurs à sa doctrine ; lorsque la vertu & les regles
semblent bannies de l'empire, il
n'entre point dans les charges, &
ses mœurs sont encore conformes
à sa doctrine : mais je n'ai jamais
entendu dire qu'un maître de la sagesse accommode sa doctrine à la
volonté & au caprice du premier
venu.

Le même disciple dit à Memcius :
J'ai souvent vu chez vous Tam-
Kum, frere du roi de Tam ; il y
venoit pour assister à vos leçons,
& il paroissoit avoir rempli tous
les devoirs de l'urbanité : cependant lorsqu'il vous faisoit des questions, vous sembliez ne pas l'é-
couter, & vous ne lui répondiez

point ; permettez que je vous en demande la raison.

Celui qui veut s'inftruire, dit Memcius, doit beaucoup plus s'appliquer à fuivre la doctrine de fon maître que les rites de l'urbanité. Lorfqu'un homme, enflé de fa noblefse, de fa fagefse, de la fupériorité de fon âge, ou des fervices qu'il a rendus, ou enfin de fon érudition, vient dans une école pour y faire des queftions, il ne propofe rien qui mérite d'être écouté, & il n'y a point de raifon de lui répondre. Le prince Tam-Kum s'eft abandonné aux deux premiers de ces cinq vices, & voilà pourquoi je ne lui ai point répondu.

Memcius dit enfuite à ce difciple : Gravez profondément ceci dans votre efprit, & faites tous vos efforts pour vous en garantir. Celui qui fe difpenfe d'une chofe dont il ne convient pas de fe difpenfer, il n'y aura rien dans la fuite dont il ne fe difpenfe ; & fi une fois quelqu'un fe permet de traiter avec dédain & avec mépris celui qu'il doit traiter honnêtement & poliment, il n'y aura dans la fuite perfonne qu'il ne traite avec mépris & avec dédain ; enfin celui qui marche à pas précipités dans la carriere des fciences, ne tarde ordinairement pas à rétrograder.

Le fage aime les plantes & les animaux : mais il n'eft point compatifsant pour eux ; il eft compatifsant au contraire pour tous les hommes, ou pour le genre humain :

mais il n'aime pas le genre humain comme ſes parents, car il ſait mettre de l'ordre dans ſes affections; d'abord il aime tendrement ſes parents, & a une piété compatiſsante pour tous les hommes; enfin il a une affection commune pour les plantes & pour les animaux.

Deux qualités ſont particulièrement néceſsaires à un prince, la perſpicacité & la piété : par la perſpicacité il connoît les choſes dont il convient qu'il s'occupe, celles qu'il doit ſavoir, & il s'y applique ſoigneuſement avec toute l'attention dont il eſt capable; par la piété il aime tous les hommes, mais il a une amitié particuliere & de préférence pour les hommes ſages & capables qu'il éleve aux charges

& aux dignités. Yao & Chun avoient une perspicacité qui les rendoit capables de toutes les sciences; cependant ils dédaignerent toutes les connoissances frivoles, & s'appliquerent sur-tout & presque uniquement à celles qui leur étoient nécessaires pour remplir leurs devoirs: de même ils n'avoient pas pour chaque homme une piété distinguée, & réservoient ce sentiment pour les sages.

Ceux qui donnent toute leur application aux petites choses & qui négligent les plus grandes, ne connoissent pas ce dont ils doivent s'occuper. Par exemple, il y a des personnes qui donnent toute l'application dont elles sont capables pour savoir exactement & avec précifion combien il faut porter le deuil pour leurs coufins, & qui négligent le deuil de trois ans pour le pere & pour la mere : d'autres connoifsent profondément les plus petites loix de l'urbanité à table, & ne voudroient point y manquer; mais ils fe livrent à tous les excès de la bonne chere.

## CHAPITRE VIII.

MEMCIUS dit à Kum-Sun-Cheu fon difciple : Combien Hoéi-Vam, roi de Guéy, eft éloigné de la vraie piété ! il eft compatifsant pour les animaux & cruel pour les hommes. Celui qui eft doué d'une vraie piété aime d'abord fon pere, fa mere &

ſes couſins, en ſecond lieu les peuples, troiſièmement les animaux & les plantes : au contraire, l'homme qui n'a point une vraie piété aime d'abord les plantes & les animaux, en ſecond lieu les peuples, & enfin ſes parens.

Pourquoi penſez-vous ainſi de Hoéi-Vam ? dit le diſciple.

Pour agrandir ſes états, répondit Memcius, c'eſt-à-dire pour acquérir des plantes & des animaux, le roi Hoéi-Vam entreprend des guerres cruelles, livre des batailles ſanglantes & prodigue la vie de ſes peuples. Pluſieurs fois il a vu la terre inondée du ſang de ſes ſujets & couverte des corps morts de ſes ſoldats dont les exhalaiſons infectoient au loin l'atmoſphere : ſon

cœur n'a cependant point été ému
de cet affreux spectacle ; au contraire, il n'avoit pas plutôt perdu
une bataille, qu'il brûloit d'en livrer
une seconde ; & pour rappeller à
lui la fortune & la victoire, il pla-
çoit dans les premiers rangs son
fils Xin, héritier du royaume, &
ses autres parents. Se conduire ainsi, n'est-ce pas aimer en premier
lieu les plantes & les animaux, en
second lieu ses peuples, & en troisieme lieu ses enfants & ses parents ?

Ne me dites pas que le livre de
Confucius, intitulé *le Printemps
& l'Automne*, est rempli de l'histoire des guerres que les princes se
faisoient : ce philosophe les con-
damne comme injustes ; & quoique

vous y trouviez quelques actions qui offrent une apparence de vertu, elles font cependant peu différentes des vrais crimes. Les guerres justes font celles que le prince supérieur fait pour réduire un vassal rebelle, ou l'empereur pour punir un roi qui manque à son devoir. Les guerres injustes font celles que les princes font fans avoir obtenu la permission de l'empereur.

Si quelqu'un va trouver un prince & lui dit, Je possede l'art de la guerre, & personne ne fait mieux que moi ranger une armée en bataille ; cet homme commet certainement un crime irrémissible contre l'état, parcequ'il tend à troubler la paix du royaume, à exciter le roi à prendre les armes & à expoſer la vie de ſes ſujets. Un prince pieux n'a point beſoin d'armes pour vaincre; ſa piété tendre & la douceur de ſon gouvernement lui gagnent tous les cœurs; il n'a point d'ennemis. Ce fut ainſi que le prince Tchin-Tang ſe ſoumit rapidement l'empire. Tandis qu'il parcouroit les provinces du midi, les provinces du nord ſe plaignoient de ſa lenteur. Sommes-nous donc moins opprimés que les autres ? diſoient les peuples de ces provinces: pourquoi notre libérateur ne vient-il à nous qu'après avoir délivré les autres ? pourquoi tarde-t-il tant à venir ?

Ce fut avec ces armes que Vu-Vam attaqua Cheu, le dernier empereur de la dynaſtie des Yu. Il n'avoit que trois cents chariots de guerre & trois mille soldats d'élite. Lorsqu'il entra sur les terres de l'ennemi, il parla ainsi aux habitants avec la bonté & l'affabilité qu'il avoit pour tous les hommes : « Ras- « surez-vous, peuples que je ché- « ris, vous n'avez rien à craindre : « je viens vous consoler & non « vous faire la guerre ; je ne viens « point ravager votre pré, je viens « vous offrir la paix & l'adoucisse- « ment de vos malheurs. »

Tous alors se jetterent aux pieds de Vu-Vam, le révérerent comme leur sauveur, & se soumirent à lui.

Lorsqu'un prince attaque les au- tres, il ne se propose que de les diriger & d'établir dans leur cœur

la piété & la droiture qui le gui-
dent, & c'eſt ce que ſignifie le mot
diriger. Voilà pourquoi tous les
peuples deſirent & appellent à eux
un prince pieux & juſte qui réta-
bliſſe les mœurs & le bon gouvernement. A quoi donc ſervent les
armées, les combats & les victoires
ſanglantes ?

Il en eſt du ſage qui enſeigne les
principes de la morale & du gouvernement comme du ſculpteur :
celui-ci peut apprendre à ſon éleve
les principes & les regles de ſon art ;
mais il ne lui donne ni le génie, ni
la ſagacité, ni l'application.

J'ai toujours très bien compris
que c'étoit un grand crime que de
tuer le pere, la mere, les parents
des autres : mais préſentement une

*Tome II.*　　　　　X

expérience journaliere m'a fait connoître combien ces homicides font
punis rigoureufement; car comme
ils tuent les peres ou les freres des
autres, leurs peres & leurs freres
font aufsi tués par un autre. Ainfi
ils ne tuent pas leurs peres de leur
propre main, mais ils les font tuer
par une main étrangere, & ils commettent deux crimes dans un feul,
un homicide & un parricide.

Autrefois on avoit établi des
douanes fur les confins du royaume
& dans les foires pour empêcher la
cruauté; mais aujourd'hui on les
établit pour lever, par les vexations
& par les exactions, des impôts ex-
cefsifs.

Un prince qui ne remplit pas fon
devoir de prince ne pourra venir à

bout de faire remplir aux autres leurs devoirs, sans excepter sa femme & ses enfants. De même si un prince donne à ses préfets & à ses peuples des ordres hors de saison & contraires à la raison, non seulement ils n'y obéiront qu'avec peine, mais encore la femme n'obéira point à son mari ni les enfants à leur pere.

Ne me dites pas qu'il est difficile de résister à la corruption de nos mœurs. Les années de stérilité ne font pas mourir de faim un homme très riche, & les temps de corruption ne rendent pas pervers un homme doué de beaucoup de vertu.

Il y a une vertu vraie & une vertu simulée. On voit des hommes si

vains & si avides de réputation & de
gloire, que, pour faire parler d'eux,
ils refuseroient ou abdiqueroient un
royaume puissant. Il n'est pas difficile de discerner la fausseté de leur
vertu : ces contempteurs fastueux
des grandeurs & des richesses, qui
ne sont point de vrais héros, sont
transportés de joie ou de colere
pour le moindre succès ou pour la
plus légere contradiction, pour une
écuellée de riz obtenue ou perdue.
Ces sentiments de colere ou de
joie se manifestent subitement sur
leur visage, & découvrent la fauss-
seté de leur héroïsme.

Trois choses servent de base aux
royaumes, une confiance prudente,
une honnêteté équitable, une sage
économie dans l'administration. Si

un prince n'a pas une confiance
prudente pour des miniftres pieux,
ils fe retireront, & le prince n'aura
point de miniftres fur lefquels il
puifse fe repofer, & l'état fera fans
fecours. Si l'honnêteté & l'équité
ne font pas dominantes dans le
royaume, la fubordination en fera
bannie, le fupérieur fera méprifé,
l'inférieur arrogant fortira des bor-
nes de la foumifsion, & le défordre
fera bientôt général. Enfin fi l'on
néglige les principes de l'économie
dans l'adminiftration, la pauvreté
des peuples augmentera chaque
jour, & l'on n'aura pas afsez de
richefses pour fe procurer le néceffaire.

Vous trouverez peut-être un ou
deux hommes fans piété, qui, par

artifice ou par le moyen de la guerre, ont acquis un royaume : je
doute que vous en trouviez un feul
qui foit parvenu à l'empire.

On eſtime principalement trois
choſes dans les royaumes, le prince,
le peuple, & le lieu où l'on rend un
culte aux eſprits conſervateurs des
fruits ; mais le peuple eſt avant les
deux autres, & le prince eſt la troiſieme  En voici la raiſon  Un homme qui gagneroit les cœurs & qui
dirigeroit les volontés de ces peuples diſperſés dans les champs,
pourroit devenir empereur. Celui
qui gagne & ſe concilie la bienveillance de l'empereur ne peut devenir que roi  & celui qui gagne
la bienveillance du roi ne peut devenir que préfet ou miniſtre du

royaume : ainsi le peuple est plus que le prince.

C'est le roi qui préside aux sacrifices & au culte que l'on rend aux esprits dans les lieux élevés qui leur sont consacrés ; si par ses vices ou par son mauvais gouvernement il s'expose à le profaner, on le dépouille de sa dignité, on lui ôte son royaume & on le donne à un sage : ainsi l'élévation de terre où l'on rend un culte aux esprits est plus précieuse que le roi.

Enfin cette élévation où l'on rend un culte aux esprits a été consacrée pour la conservation de la vie du peuple. Tant que les animaux, les fruits, les grains prospèrent, on fait au printemps & à l'automne des sacrifices sur ces hauteurs; mais fi l'on efsuie des féchereſses ou des inondations funeſtes, on détruit cette élévation de terre, & l'on en éleve une autre dans un lieu différent : ainfi le peuple eſt plus important que cette élévation, puifqu'en effet ce lieu eſt pour le peuple & non le peuple pour ce lieu.

Les hommes illuſtres par leur haute perfection fervent d'exemple pendant leur vie, & après leur mort deviennent la regle des mœurs. On peut mettre au nombre de ces hommes précieux le prince Pé-Y & le préfet Lieu-Hia-Hoéi. Quoique morts depuis bien des fiecles, ils inſtruifent cependant encore les hommes par leurs préceptes & par leurs actions. Au récit des mœurs irréprochables du prince Pé-Y, l'homme pervers réfléchit fur fa corruption, l'homme effréné aime la modération, le timide prend du courage, le foible fent augmenter fon amour pour la vertu & fes forces pour s'y élever : de même le récit des mœurs polies & perfectionnées de Lieu-Hia-Hoéi porte le parcimonieux à la libéralité, infpire de l'urbanité à l'h·mme groffier, donne de l'élévation à l'homme bas & abject.

Puis donc que depuis tant de fiecles il n'y a point d'homme en qui le récit de leurs actions n'ait allumé l'amour de la vertu, s'il produit encore cet effet de nos jours, quelle impreffion ne devoient-ils pas faire fur leurs contemporains, sur leurs familiers, sur leurs amis, dont le cœur étoit échauffé, & pour ainsi dire enflammé, par l'action immédiate de leurs discours, de leurs exemples & de leurs vertus !

Un particulier disoit à Memcius : Les louanges sont une partie du bonheur des hommes ; quant à moi, personne ne me loue, & je suis en butte aux injures & aux outrages.

Ce n'est pas un si grand malheur, lui dit Memcius ; les hommes les plus honnêtes & les plus louables sont ordinairement ceux contre lesquels on se déchaîne le plus. Vous voyez deux grands exemples de cette vérité dans Confucius & dans Vu-Vam. On peut appliquer à

Confucius ce paſsage du livre des poéſies, qui dit : *Puis-je n'être pas affligé lorſque je vois ce peuple & ce troupeau de petits hommes irrités & ligués contre moi ?*

On peut appliquer à Vu-Vam cet autre paſsage qui dit : *Il ne put éteindre abſolument la haine des nations étrangeres ; mais elle ne porta pas la moindre atteinte à ſa gloire & à ſa réputation.*

Les anciens ſages diſsipoient les ténebres de l'eſprit en communiquant leurs lumieres : les modernes prétendent éclairer en communiquant leurs ténebres.

Memcius, pour donner de l'ardeur à ſon diſciple Kao-Tſu, lui dit : Si des voyageurs ſe fraient un ſentier dans les montagnes & qu'ils y paſſent & repaſſent fréquemment, le ſentier deviendra bientôt un grand chemin ; mais ſi les voyageurs ceſſent de le fréquenter, bientôt l'herbe y croîtra, & il ſera rempli de ronces, d'épines & de brouſſailles : de même l'équité & la droite raiſon ſont le grand chemin du cœur humain ; ſi on ne le fréquente pas, ſi on n'y marche pas ſouvent, les paſſions & les vices y pullulant, couvrent & offuſquent le droit chemin de la vie, & rempliſſent le cœur humain.

Un particulier du royaume de Cy demanda à Memcius ce qu'il penſoit de Lo-Chin, un de ſes diſciples, qui paroiſſoit fort ſupérieur aux autres. C'eſt

C'eſt un homme honnête & vrai, répondit Memcius.

Qu'entendez vous, je vous prie, par un homme honnête & vrai?

L'homme honnête, dit Memcius, eſt celui qui fait aimer ce qui eſt digne d'être aimé; l'homme vrai eſt celui qui ne ſe permet ni duplicité dans le cœur ni déguiſement dans ſes actions, & dont rien n'altere la candeur.

Celui qui, par une longue application, a pour ainſi dire accumulé vertus ſur vertus, eſt bon; celui qui, après avoir rempli ſon cœur de ces vertus, les pratique & les manifeſte avec éclat dans ſon maintien & dans ſes mœurs, eſt grand.

Celui qui, parvenu à cette grandeur, accroît chaque jour ſa vertu par une application continuelle, & parvient à faire le bien dans toutes les ocasions comme par une impulsion naturelle, ou par instinct, est un homme excellent, ou un sage.

Enfin celui qui s'est élevé à une vertu si délicate, si pure, si éloignée de tous les sens qu'on ne peut ni l'appercevoir ni la pénétrer, se nomme spirituel.

Voilà les six degrés que l'on distingue dans la perfection. Lo-Chin s'est élevé aux deux premiers, & est au-dessous des quatre autres. Vous en trouverez au reste peu qui aiment ainsi l'honnêteté, la probité, la vérité. On trouve par-tout les disciples des sectaires Mé & Yam, dont le premier veut que l'on aime également tous les hommes, & l'autre que l'on n'aime que foi-même.

Au refte, fi les difciples de ces fectaires reviennent à nous, il faut les traiter avec beaucoup d'égards, & les exhorter à ne plus nuire à l'équité par leurs difcours.

Memcius revient enfuite aux devoirs de la piété du prince envers fes fujets, & il dit : La levée des tributs a des loix fixes & immuables, & fe fait dans des temps différents : on leve en été le tribut de la foie & du chanvre, en automne le tribut du millet & du riz, & l'on ordonne les corvées pour les travaux publics en hiver Un prince fage & pieux n'exige qu'un de ces tributs à la fois : s'il en exigeoit deux dans le même temps, les peuples périroient de faim & de misere; s'il les exigeoit tous trois en même temps, le peuple se disperseroit, les habitants abandonneroient leur patrie, les enfants se sépareroient de leurs peres, & le royaume périroit.

Il y a trois choses qu'un prince doit estimer comme les plus précieuses de toutes; le royaume transmis par ses ancêtres, les peuples confiés à ses soins, & l'établissement d'un bon gouvernement. S'il estime davantage & recherche comme plus précieuses les richesses & les pierreries, après avoir essuyé des dangers & des calamités il périra infailliblement : c'est le sort ordinaire des hommes qui, ayant de la puifsance & de l'autorité, ne re-connoifsent point de loix, refufent d'écouter la droite raifon, & méprifent la vertu & les principes de la morale.

Il n'y a perfonne qui, à la vue d'un malheureux, n'éprouve un fentiment de douleur ; mais il arrive fouvent que l'on éprouve ce fentiment à la vue de ce qu'un homme fouffre, & qu'on ne refsente pas cette douleur à la vue d'un autre homme, parceque le cœur eft aveuglé par la cupidité ou par quelque pafsion : un homme vraiment pieux étend ce fentiment de commifération à tous ceux qui fouffrent. De même il n'y a perfonne qui n'ait un fentiment de pudeur qui lui donne de l'averfion pour toute action honteuse; cependant il arrive que tandis que l'homme éprouve cette aversion pour certaines actions honteuses, il s'en permet d'autres, parceque la cupidité ou la passion aveugle le cœur : or la vraie équité étend ce sentiment de pudeur à toutes les actions honteuses.

On voit par-là que les devoirs de la piété & de la pudeur sont tellement étendus, qu'il n'est presque pas possible de les remplir & de ne pas manquer à quelques uns.

Un homme que l'on traite comme un valet & qui en rougit, doit en chercher la cause dans lui-même, & se corriger lorsqu'il l'a trouvée; s'il a pour toutes les actions qui peuvent l'humilier le même sentiment de pudeur, il parviendra à ne rien faire que de droit & de juste : au contraire, celui qui parle lorsqu'il ne convient pas de parler, ou qui se tait lorsqu'il faudroit parler, afin de découvrir par son silence ou par ses discours les sentiments des autres, commet une turpitude clandestine, comme le voleur qui perce le mur de la maison de son voisin.

Des discours simples en apparence, mais d'un sens profond, font véritablement de bons discours, comme une modeste économie & une généreuse libéralité font véritablement la bonne manière de vivre.

Le sage, par sa constante vigilance sur son cœur, par la pureté de ses mœurs, par le bel exemple

de fa vie, infpire aux magiftrats &
au peuple le defir de l'imiter, &
regle en quelque forte tout l'empire. Concluez de là que, pour bien
gouverner fes peuples, un prince
doit fe bien gouverner lui-même.

La chofe la plus importante dans
la recherche de la vertu, c'eft la
vigilance fur fon cœur; & il n'y a
point de moyen plus fûr pour conferver fon cœur que de diminuer
fes defirs ou fes befoins. Quand
un homme qui a peu de defirs ou
peu de befoins négligeroit de gar-
der fon cœur, & que dans ces mo-
ments d'inadvertence, il s'écarte-
roit, il reviendroit bientôt à lui-
même : mais le cœur d'un homme
qui a beaucoup de defirs & de befoins lui échappe malgré fa vigilance & fes foins.

Confucius difoit : Je ne peux m'empêcher d'être un peu fâché contre ceux qui pafsent devant ma porte fans daigner entrer chez moi, excepté cependant contre ces hypocrites qui, dans leurs villes, font regardés comme des hommes habiles & d'une grande fagacité ; car je regarde ces petits hommes fi fameux, fi habiles & fi loués, comme les plus dangereux ennemis de la vertu.

Le difciple Ven-Chun demanda à Memcius par quels moyens ces petits hommes étoient ainfi prônés & admirés.

Le voici, dit Memcius. D'abord ils affichent un profond mépris pour les vrais amateurs de la vertu. A quoi bon, difent-ils, ces magni-

fiques paroles qui font fans effet?
On a fans cefse dans la bouche les
paroles & les actions des anciens
fages, des anciens héros, des anciens empereurs : à quoi fervent
ces difcours ? Pratique-t-on ces
vertus dont on parle continuelle-
ment ? point du tout.

Enfuite, pour faire méprifer les
hommes véritablement vertueux,
ils difent : A quoi bon embrafser
ce genre de vie fingulier fans fruit
& fans utilité ? pourquoi ne pas
vivre comme les autres ? Un homme doit conformer fa vie à fon
fiecle ; tout le monde alors le juge
honnéte, & cela fuffit.

Voilà comment ils décrient les
anciens fages, & comment, lâches
adulateurs, ils captent la bienveil-

lance du vulgaire, & se font regarder comme des hommes dè génie.

Mais, dit le disciple, ces hommes font en effet polis & doux, & leurs procédés répondent à leur réputation : comment donc Confucius les regarde · t-il comme les pestes de la vertu ?

Ces hommes, dit Memcius, font très adroits, & il ne seroit pas facile de prouver & de découvrir leurs injustices & leurs vices. A juger d'eux par quelques unes de leurs actions & par quelques uns de leurs discours, vous les prendriez pour les plus sinceres, le plus fideles, les plus désintéressés, les plus integres des hommes ; & cependant ils se conforment en tout aux mœurs dépravées de leur siecle : voilà pour-

quoi la multitude les loue. Peut-
être même , enivrés des éloges
qu'on leur prodigue, se croient-ils
en effet des hommes vertueux ;
peut-être ne voient-ils pas leurs
vices , & par conséquent ne peu-
vent-ils rentrer dans le chemin de
la vertu : voilà pourquoi Confucius
les appelloit les pestes de la vertu.

Confucius disoit d'ailleurs : Tout
ce qui n'est point ce qu'il paroît
est odieux , parceque nous crai-
gnons de prendre une fausse apparence pour la vérité : voilà pourquoi je hais ces petits hommes que
leur ville loue & admire , parceque
je crains qu'ils ne confondent & ne
fassent perdre les idées de la vraie
vertu.

· Le sage ne peut remédier aux

maux caufés par ces fectaires qu'en s'efforçant de rétablir, par fes inftructions & par fes mœurs, les principes de l'honnêteté & du gouvernement enfeignés de tous les temps.

Ce grand art de vivre & de gouverner s'altere, vieillit & fe perd, fi de temps en temps il ne s'éleve pas des héros fages qui l'étudient, le pofsedent, le propagent, & le tranfmettent à la poftérité.

On obferve que jufqu'ici tous les cinq cents ans environ il s'éleve quelque perfonne illuftre par fa fcience & par fa vertu, qui rend à cette doctrine fon éclat & qui la propage. Depuis les empereurs Yao & Chun, qui, les premiers, ont enfeigné la fcience de bien vivre

& de bien gouverner, on compte environ cinq cents ans jusqu'à Chim-Tam, qui n'avoit point vu fleurir cette doctrine, mais à qui on l'avoit enseignée.

Depuis l'empereur Chim-Tam jusqu'à l'empereur Vu-Vam on compte encore environ cinq cents ans, & cinq cents ans depuis Vu-Vam jusqu'à Confucius, à qui on enseigna cette doctrine, & qui la transmit.

Enfin il n'y a que cent ans que Confucius est mort, & l'on ne trouve personne qui ait appris de lui sa doctrine : peut-on espérer que dans cinq cents ans il y ait des personnes qui puissent la propager & la transmettre ?

*Fin du seçond volume.*